IT WAS EASY TO SET THE SNOW ON FIRE

Zvonko Karanović

Translated from the Serbian
by Ana Božičević

First Edition, 2017

Distributed by Publishers Group West

ISBN: 978-1-939419-27-9
Library of Congress Control Number: 2015932630

Typesetting and graphic design by Scott Arany
Cover artwork by Jaya Nicely

Phoneme Media
PO Box 411272
Los Angeles, CA 90041

Phoneme Media is a nonprofit media company dedicated to promoting cross-cultural understanding, connecting people and ideas through translated books and films.

www.phonememedia.org

Curious books for curious people.

IT WAS EASY TO SET THE SNOW ON FIRE

CONTENTS

1. Mama Melancholia

II. Dark Highway

III. It Was Easy to Set the Snow on Fire

1.
MAMA MELANCHOLIA

Feedback

vratio sam se u grad
i zatekao ih kako stoje
između
galerije i kafea
ukočeni bulje u beton
i čekaju ponoć da spuste roletne
na još jedan dan
vratio sam se i video gomile
beživotnog mladog mesa
na ulicama i pločnicima
šugave iskežene
mačke
koje svakom jedu iz ruke
i znaju da govore jedino o sebi
o, kako sam dobro
poznavao grad
u kome sam rođen
kako sam osećao pulsiranje beznađa
svakog zrna prašine
koje se rađa i umire
na mestu kome i ja pripadam
želeo sam da nestanem
pesnicom
razbijem prozor
klaustrofobične podmornice svesti
i sa ramena skinem

Feedback

I returned to town
to find them standing
between
the gallery and the café
stiff, staring at the concrete
and waiting for midnight to draw the blinds
on another day
I returned and saw masses
of lifeless young flesh
on the streets and sidewalks
mangy leering
cats
that eat out of anyone's hand
and only talk about themselves
oh, how well
I knew the town
I was born
how I felt despair pulse
each mote of dust
born and dying
in this place I also belong to
I wanted to vanish
smash with my fist
the window of the claustrophobic
submarine of consciousness
and lift from my shoulders

teret okeana
po čijem dnu trčim
ipak
sigurnim korakom
davno stečene navike
stao sam pored njih
progutao kiseli kartončić
i pridružio se minutu ćutanja
gledao sam u beton
i uvlačio dimove iz cigarete
grad je stenjao
pod topotom osame
s neba su padale cipele
svih oblika i boja
i ja sam ljubio one
kakve najviše volim
crne špicaste s tankom štiklom

the weight of the ocean
on whose floor I run
still
with the sure step
of an ancient habit
I stood by them
swallowed the small sour carton
and joined in that moment of silence
I stared at the concrete
and breathed in cigarette smoke
the town groaned
under solitude's stampede
shoes of all shapes and colors
fell from the sky
and I kissed the ones
I love best
black pointy stilettos

Mama melanholija

na bisernim vratima stoje turisti
i prstom upiru u floru i faunu
tvoje momačke sobe
oni neće otići na spavanje
dok ne ubiju pejzaže
koje si stvarao
na poleđini zlatnika
izgubljenog u učionici I/3
oni će iskopati grobove
za sve raščupane svece koje kriješ
ispod košulje
i mrzeti zidove buke koje si podigao
kao visoke kapije Vavilonske kule
na otiraču tinejdžerskog sna
ali ne boj se
mama melanholija će doći
i mekim prstima
utisnuti akvarel na postelju
onome koji mrzi svoju metalnu dugmad
onome čija koža je tvoja haljina

u mraku gde spava ugalj
orahove ljuske
tiho tonu u planinski med
i legije centuriona vuku leševe
u sledeće stoleće

Mama Melancholia

tourists stand at the pearly gates
pointing their fingers at the flora and fauna
of your bachelor pad
they won't go to sleep
until they've killed the landscapes
you created
on the back of a gold coin
lost in classroom I/3
they'll dig graves
for all the tousled saints
you hide under your shirt
and they'll hate the walls of noise
you've erected
like the tall gates to the Tower of Babel
on your teen dream's welcome mat
don't be afraid
mama melancholia will arrive
and with soft fingers
press a watercolor into the bed
of the one who hates his metal buttons
the one whose skin is your dress

in the dark where coal sleeps
walnut shells
quietly sink into mountain honey
and legions of centurions drag corpses

pokazujem ti
kako uvek možeš da iščezneš odavde
kako da podeliš ljubav s prolaznicima
kako da kupiš propusnicu
za sve sutrašnje zabave

into the next century
I show you
how you can always disappear from here
how to share your love with passersby
how to buy a pass
for all tomorrow's parties

Urlik iz samousluge snova

pustinja je geto
gde je neko
ukrao srce plastičnoj lutki
i stvorio silikonsku masku
za one koji
kao radioaktivna kiša
padaju na uredno zalivene bašte
pravi ukus uvek je gorak
kao i poslednja cigareta
pre spavanja
usamljen kao Jeti
izgubljen kao grudva snega
u vrelom ulju
pokušavam
da zaboravim dodire
svetlucavih prstiju mladosti
ljubav je slučajni partner
luksuzan
slobodan pad
kroz kupolu svilenog padobrana

A Howl from the Supermarket of Dreams

the desert is the ghetto
where someone
stole a plastic doll heart
to make a silicone mask
for those who
like radioactive rain
fall on neatly watered gardens
the true taste is always bitter
like the last cigarette
before bed
lonely as the Yeti
lost as a snowball
in hot oil
I try
to forget the touch
of youth's sparkling fingers
love is a chance partner
luxurious
freefall
through the dome of a silk parachute

Nežna lomljava bora oko usana

u mračnim ulicama
nema ko da vidi trk kroz pubertet
nežnu lomljavu bora oko usana
svaki osmeh traje
dvanaest dana
svako malo sunce
nestaje u kutiji za šećer
ožiljci su polja ruža
na sanjivoj koži maturske večeri
pa ipak,
Jug je još uvek divalj
pod anestezijom krivice
papirno nebo industrijskog grada
gori nezaboravnom vatrom
i mitske slike
besmislene klanice snova
liče na krvavu džigericu u prašini
moje novo sklonište zove se TV
dok grlim prošlost
stereo je svedok
i priznajem
uvek sam se osećao kao Isusov sin
koji traži izgubljeni luksuz
jednom sam pitao
a gde spava doručak
jednom sam vodio ljubav sa sumo lepoticom

The Gentle Crush of Lines around the Lips

on the dark streets
there's no one to see the dash through puberty
the gentle crush of lines around the lips
each smile lasts
twelve days
each small sun
disappears into the sugar box
the scars are fields of roses
on prom's dreamy skin
and for all that,
the South is still wild
anesthetized with guilt
the paper sky of the industrial town
burns with an unforgettable fire
and mythic images of
the senseless slaughterhouse of dreams
resemble a bloody liver in the dirt
my new shelter is called TV
while I embrace the past
the stereo bears witness
and I admit
I always felt like Jesus' son
searching for lost luxury
I asked once
where does breakfast sleep
once I made love with a sumo beauty

jednom sam našao utehu na velikom talasu konfeta
jednom sam sporo, sporo kao moron
otpakivao Marlboro
pripaljivao
i duvao dim u prolećni dan

once I found comfort on a great wave of confetti
once I slowly, slowly like a moron
unwrapped the Marlboros
lit up
and blew smoke into the spring day

Bikini za bebu, bluz za kapljicu rose

žena je držala dete u naručju
ispred kartonske barake
na čijem zidu je bio
ispisan grafit
CHARLIE GONNA BE A NAPALM STAR!
pomislio sam da je
svet kontejner prljavog veša
koga će velika vatrena lopta
zauvek spojiti s tišinom
a zatim pritisnuo gas
čas kasnije sve je postalo zaborav

prošle noći sam sanjao
da su mi ukrali sve džempere
i zapalili ih
i bilo mi je hladno
strašno hladno pod krošnjom
starog platana koji je razbacivao svoju koru
pred noge slučajnih prolaznika
kada sam se probudio
zatekao sam poruku:
ti si nervozna urbana olupina
zakopana u đubretu pop kulture

umetnost je nešto sa čime možeš pobeći
ali to je samo izlet s koga se

Bikini for Baby, Blues for the Dewdrop

the woman held the child in her arms
in front of the cardboard barracks
on whose wall
the graffiti read
CHARLIE GONNA BE A NAPALM STAR!
I thought the world was
a bucket of dirty laundry
that a great fiery ball
will forever merge with silence
and then I hit the gas
a moment later everything turned to oblivion

last night I dreamed
they stole all my sweaters
and set them on fire
and I was cold
terribly cold under the crown
of the old plane tree that shed its bark
at the feet of chance passersby
when I woke
I found this note:
you're a nervous urban wreck
buried in pop culture trash

art is something you can run away with
but it's just a daytrip from which

moraš vratiti
ispeglanih lica
veliki i snažni pantomimičari
smeškali su se s predizbornih plakata
i podsećali da život
nikad ne gubi od amatera
politika nosi lažnu auru nevinosti
samo je maraton
pobeda duha nad materijom

kao i svaki put kad padne prvi sneg
motao sam se po centru grada
i gledao kako pahulje
prekrivaju sivilo
socijalističke arhitekture
dizao ruke
i dlanove okretao nebu
da zapamte ples
tih belih nezaštićenih princeza

you must return
with ironed faces
the strong and mighty mimes
smirked from the election posters
as a reminder that life
never loses to amateurs
politics has a fake aura of innocence
only the marathon is
a triumph of mind over matter

just like at every first snow
I bummed around downtown
and watched the snowflakes
cover the drabness of
socialist architecture
raised my hands
and turned my palms up to the sky
so they'd remember the dance
of those white defenseless princesses

Bolero

rekao si jednom da znaš gde spava sunce
i ko to nadleće grad u balonima koji liče
na tablete amfetamina
u ovu sasvim običnu noć
ne možeš uvući sve svoje snove
koji poput talasa žileta padaju
po tvojim ramenima
dole u kafeu Bolero
oni sijaju kao dugmeta na novoj Levis jakni
kao svetlucavi raznobojni kristali
koji počivaju na mekanom džinsu
ali Bugi ti neće dati piće dok ne vidi novac
uhvatiće te za revere i reći
ODLAZI!
i ti ćeš, naravno, otići
tamo gde te nikad neće naći
na oblake
jer oblaci su mesto gde žive
usamljeni kauboji i dečaci s plaže
tamo letuju
sve devojke koje voliš
i čija kosa je samo čežnja
na jastuku koga ne smeš dodirnuti
pored srebrnog jezera gde pušiš dokono
piće ti donosi Bugi
ali on je sada fetus

Bolero

you said once you knew where the sun sleeps
and who's flying over the city in balloons
that resemble amphetamine pills
on this ordinary night
you can't absorb all your dreams
that in razor waves fall
on your shoulders
down at Café Bolero
they shine like buttons on a brand-new Levi's jacket
like like sparkly rhinestones
that rest on soft jeans
but Boogy won't pour you a drink until he sees the cash
he'll grab you by the lapels and say
GET OUT!
and of course you'll get out to
where they'll never find you
into the clouds
because clouds are where
lonely cowboys and beach bums go
it's where they spend their summers
all the girls you love
and whose hair is just longing
on the pillow you're not allowed to touch
by the silver lake where you smoke lazily
Boogy brings you a drink
but he's a fetus now

i ima velike oči
i ti ga se ne plašiš
jer ga možeš pretvoriti u zeca
i prikovati za platno na zidu
za trenutak
u kutiji zaključanoj pod okeanom
sve ostaje isto
horde noćnih leptire svoje provincijske kosti
ubacuju u džuboks civilizacijskih evergrina
tada moraš da bežiš u apartman broj šest
u moćnu buku fidbeka
tada grliš svoje sinove
odbačene i izgubljene vodiče
na plesnom podijumu mejnstrima

and he has huge eyes
and you're not afraid of him
because you can turn him into a rabbit
and nail him to a canvas on the wall
for a moment
inside the box locked shut under the ocean
everything stays the same
hordes of night butterflies toss their provincial bones
into the jukebox of civilization's oldies
then you have to run to apartment number six
into the powerful noise of feedback
then you hold your sons tight
discarded and lost guides
on the mainstream dance floor

Bubnjevi i žice, autoput i noć
(s kasete se čuju poptonovi)

iza vatrene linije puste su ulice
drvoredi u šuštavim kabanicama
bezglasno promiču
pred grudobranom stvarnosti
i sva popodneva liče jedna na druga
iza hitrog treptaja semafora
čeka me moja džuboks bejbi
i kaže
probudi se
ne možeš da sanjaš neprestano
za to je potreban razlog
a ti si tako srećan jer imaš mene
bubnjeve i žice
autoput i noć
i ne okreći se na ulici
za dečacima koji nose dugu kosu
to je samo nostalgija koja nikome nije potrebna
potom sanjam pun rezervoar
i svoje prijatelje
umorne
od večitog bežanja
pred agentima svakodnevice
o, da
juče sam proveo popodne
posmatrajući suze

Drums and Strings, the Highway and the Night (the tape plays pop tunes)

beyond the line of fire the streets are empty
alleys of trees in rustling raincoats
soundlessly fly by
before reality's bulwark
and all afternoons are alike
beyond the rapid blink of traffic lights
my jukebox baby waits for me
and says
wake up
you can't always be dreaming
there has to be a good reason for that
and you're so lucky to have me
drums and strings
the highway and the night
and don't turn around in the street
after long-haired boys
that's just nostalgia no one needs
then I dream of a full tank
and my friends
tired
on their endless run
from the agents of the everyday
oh, yes
I spent yesterday afternoon
watching tears

koje su se slivale s Elvisovog lica
i natapale sintetički tepih disko-industrije
pomislio sam
umreću a nikada neću dodirnuti lice
nepoznate devojke u kupeu vagona prve klase
video sam majku
s tanjirom u ruci kako sipa nedeljni ručak
video sunce visoko na nebu
i vatrenu kočiju
kako uranja u blistavu reku
uvek kad izađem iz kuće
osvrnem se
da zapamtim raspored stvari
mislim da ću jednom tako
bez pozdrava
produžiti dalje i otići u neki drugi život
u ona bezbrižna predvečerja
kada smo imali po petnaest godina
buljili u plafon
i slušali Kridense

slide down Elvis' face
soaking the disco industry's synthetic carpet
I thought
I'll die and I'll never touch the face
of the unknown girl in the first class train car
I saw my mother
a plate in hand serving Sunday lunch
I saw the sun high in the sky
and a fiery carriage
dive into the dazzling river
whenever I leave the house
I turn around
to remember the order of things
I think that one day just like that
without a goodbye
I'll leave and keep going into some new life
into those carefree afternoons
when we were all of fifteen
staring at the ceiling
listening to Creedence

Razlog

izvan grada
i dalje
preko reke
i dalje
autoputem u planine
gde život je mnogo lakši
i svaki dan je juče
n i k a d
ne bih želeo da stignem
u mojoj sobi
zelena lampica na pojačalu
jedina je besmrtna
u mojoj ulici
barikada kaže
ne možeš nazad u detinjstvo
na mekom trbuhu noći
papučica za gas
poslušno savija
glavu
i ponoćna trka
pustim gradskim ulicama
postaje čista metafora života
izvan
u spavaonicama
svetlucaju iskre života
unutra

The Reason Why

out of the city
and further on
across the river
and further
by highway into the mountains
where life is much easier
and every day is yesterday
n e v e r
would I wish to get there
in my room
the green light on the amp
is the only eternal thing
on my street
the barricade says
you can't return to childhood
on the night's soft belly
the gas pedal
obediently
bows its head
and the midnight race
through empty city streets
becomes the perfect metaphor for life
outside
in the bedrooms
sparks of despair flicker
inside

u kolima
spiker na radiju kaže
planeta Zemlja je upravo skrenula
sa svoje putanje i pošla
u nepoznatom pravcu
i ti s njom
i naravno
ona s tobom
i tvojom podignutom kragnom

in the car
the radio announcer says
Planet Earth just veered
off its course and headed
who knows where
and you with it
and of course
it along with you
and your cocked collar

Sve najbolje pesme govore o čežnji
i staklu i brzim automobilima
i ostalim lomljivim stvarima

ti i ja spavamo ispod stakla
i puštamo karavane
da prolaze
kraj naših smrznutih prstiju
otišlim prijateljima
šaljemo telefonske impulse
da oboje more na razglednici
na kojoj piše:

Rusi su u orbiti
čajni kolačići na stolu
u hrani za bebe
pronašli su metalne opiljke
i dalje je sve isto, isto, isto...

a zatim pričamo o mesecu
i lajemo na TV ekran
do kasno u noć

novi dan se rađa
mladi i snažni
glodači mamutove kosti
polaze u bolje sutra
a ti bi se najradije

All the Best Poems Talk about Longing and Glass and Fast Cars and Other Fragile Things

you and I sleep under glass
and let the caravans
pass
by our frozen fingers
we send absent friends
phone signals
to color the sea on the postcard
that says:

The Russians are in orbit
tea biscuits on the table
in baby food they found
metal shavings and everything
stays the same, same, same...

and then we talk about the moon
and bark at the TV screen
late into the night

a new day breaks
young and strong
gnawers of the mammoth bone
head into a better tomorrow
and you'd much rather

prerezanih vena
uspavala
u kadi punoj tople vode

život je pun loših mogućnosti
saznala si to dok si kroz
umazani podstanarski
prozor
gledala topole
kako igraju na vetru

ljubav je privilegija siromašnih
ljubav je dadilja ženskog srca
i zato sve najbolje pesme
ne govore o ljubavi
a ti samo želiš da znaš
kuda je otišao tvoj život
i zašto si provela deset godina
s čovekom koga sada mrziš

ti i ja spavamo ispod stakla
i ispraćamo vozove
u najcrnjoj noći
mašemo in belim maramicama
prislanjamo obraze na šine
i puštamo
da se suze ponovo zalede

veins slit
go to sleep
in a bathtub full of warm water

life is full of bad options
you found that out while you
looked through
the dirty window of your sublet
at poplars
dancing in the wind

love is the privilege of the poor
love's the nanny of the female heart
and that's why all the best poems
don't talk of love
and all you want to know is
where your life has gone
and why you spent ten years
with the man you now hate

you and I sleep under glass
and see trains off
into the blackest night
we wave white squares
press our cheeks to the tracks
and let
our tears freeze once again

silazio sam u utrobu grada
kad si rekla
ti juriš u starost
a ja za to još nisam spremna

želim da te odvedem odavde
negde gde ima više svetla
i gde su ljudi
srećniji
ali samo okrenem ploču
plastika pucketa u sobi s roletnama
elektricity
elektricity
elektricity

I was on my way down into the city's bowels
when you said
you're rushing into old age
and I'm not ready for that yet

I want to take you away from here
where there's more light
and people are
happier
but I just flip the record
the plastic crackles in the shaded room
electricity
electricity
electricity

U izlogu jeftinih slatkiša

nisam usporeni autostoper
nisam cinik u tridesetoj
život je okrutan
prema onima koji nisu duhoviti

postajem sitničav
postajem pokvaren
i nedeljni ručak kod matorih
nema je komedija
s presingom politike
i malo otrova u poslednjoj sekvenci

disciplina –
da li je to strast?
poredak –
da li je to nečija šala?
reči ne funkcionišu
televizori su ugašene zvezde

postajem nervozan
postajem usamljen
u savršenom svetu
slučajnosti se ne dešavaju
sedim ispred tanjira
probodenih obraza

In the Cheap Candy Storefront

I'm not a slow-motion hitchhiker
I'm not a cynic at thirty
life is cruel
to those who lack a sense of humor

I'm getting nitpicky
I'm getting spoiled
and Sunday lunch with the folks
is a silent comedy
with the press of politics
and a touch of poison in the last round

discipline—
is it a passion?
order—
is that someone's idea of a joke?
words don't function
TVs are extinguished stars

I'm getting nervous
I'm getting lonely
in a perfect world
there are no coincidences
I sit before my plate
cheeks punctured

ušao sam u kutiju
i nesigurnim koracima
učio da budem
zreo
badem, limun, majmun

postajem usamljen

I entered the box
and with unsteady steps
learned to be
            mature
almond, lemon, monkey

I'm getting lonely

Groznica

glamur je pobeda nad svakodnevicom
genijalnost koja nedostaje
da bi se našao među delima
a ne među ljudima

pojednostavljenje je znak zrelosti
ali taj perverzni barok
uvek pronađe svoje neveste
u nekome od nas sa obiljem godina

tišina je nemoć
pisanje je drugo ime za strah
geometrija
hladna kao osmeh Marlen Ditrih

Fever

glamor is victory over the everyday
the genius you lack
to find yourself among works
and not among people

simplification is a sign of maturity
but that perverse baroque
always finds its brides
among us rich in years

silence is helplessness
writing is another name for fear
geometry
icy as the smile of Marlene Dietrich

Buka, šarenilo, buđenje

uvek mogu da odem odavde
i ostavim par uplakanih očiju za sobom
ali kome je to potrebno
govorio si mi
kako da se ponašam kao tvoj gost
čak i onog dana kad sam
u dubokim platnenim patikama
sa plavom zvezdom na okrugloj beloj gumi
izašao iz zatvora posle
dvadeset i pet godina
sedenja u mraku
i čekanja
da me stvari same pronađu
i zato danas mogu da se setim
stotine citata
svih onih koje ne poznajem
a koji su me voleli kao svog jedinog sina
Hrist je umro mlad
jer ljudi koje svi vole
ne pokreću svet

Noise, Speckles, Waking

I can always go away from here
and leave behind a pair of teary eyes
but who needs that
you told me
how to behave as your guest
even the day when
in my canvas high tops
with a blue star on round white rubber
I left jail after
twenty-five years
of sitting in the dark
and waiting
for things to find me on their own
and that's why today I can remember
hundreds of quotes
from all those I never met
and who loved me as their only son
Christ died young
because those everyone loves
don't move the world

Mašine za led

omorina je
i ne rade mašine za led
ljudi sede u pletenim stolicama
i čekaju da mala kazaljka
stigne veliku
u svom sporom mimohodu
ka ponoći
dosada je pokvarila
automate od krvi i mesa
u gradu
gde novčiće s dva lica
ne možeš baciti u bunar želja
volja za moć
je bešumna ulazna brava
gluva soba i madrac na podu
u kafeu Underground
znao sam često
da ukradem piće i pepeljaru
i nestanem tamo gde
žičane životinje valjaju blato
kroz posustala pamučna polja
ravnodušan jer sam odlučio
da izgubim sećanje

Ice Machines

a heat wave
and the ice machines don't work
people sit in wicker chairs
and wait for the clock's short hand
to catch up with the long
in its slow procession
to midnight
boredom spoiled
the flesh-and-blood automatons
in the town
where you can't toss two-faced coins
into the wishing well
the will to power
is a noiseless entry lock
a deaf room and a mattress on the floor
at Café Underground
I'd often
steal a drink and an ashtray
and disappear to a place where
wire animals roll mud
through faltering cotton fields
indifferent since I decided
to lose recall

U srebrnom rudniku

život u srebrnom rudniku
primiče se kraju i doći će vreme
da svako bude odgovoran
za ono što nije rekao
ljudi što prolaze
doticali su moje pamučne košulje
koje su se njihale na konopcu
i moj prozor hiljadu puta
razbijen
i Franca Kafku
koji je sedeo pored mene
u učionici koja gleda na igralište
a koga se setim svaki put
kada pijan padam
na perjani jastuk
i rukama grlim žitna polja
koja se povijaju na vetru
tiho i nečujno
jednom ću pobeći od ljudi
u šumu
koja nikad neće
postati radionica parketa
na nebo
koje šalje kišu
na slepljene trepavice

In the Silver Mines

life in the silver mines
nears its end and the time will come
for everyone to take responsibility
for what they didn't say
the people passing by
touched my cotton shirts
swinging on the line
and my window smashed
a thousand times
and Franz Kafka
who sat next to me
in the classroom overlooking the playground
I remember him each time
I fall drunk upon
a feather pillow
and put my arms around the fields of grain
swaying in the wind
silently and soundlessly
I will escape people one day
into the forest
that will never
become a flooring mill
into the sky
sending rain
for eyelashes stuck shut

Nek sirene izbrišu tragove

volim malene oblake
debeljuškastu decu zemlje i neba
setim ih se svaki put kad stavljam
naočare za sunce
dok jara
budi uspomene na ratnika
u kožnom prašnjavom odelu
potraga za energijom i benzinom
samo je pokušaj da se zaborav
zameni besciljnom vožnjom
da, poznavao sam mnoge
koji su se rodili na benzinskim pumpama
palili cigarete
na umorno smotano crevo
i nisu dobili ništa osim
ravnodušnih pogleda
umornog neona
vreme radi za izbezumljene
goniče bosih tabana i decu cveća
treba ih poslati na tuširanje
betonskim pločama
veoma nežno
sunce ne trpi ustajale zenice
crno sunce u grimiznoj odori
na pragu novog doma
ovo je početak

Let the Sirens Wipe the Tracks Clean

I love little clouds
the chubby children of heaven and earth
I remember them each time I put on
my sunglasses
because the heat
brings back memories of the warrior
in a dusty leather suit
the search for energy and gas
is just an attempt to replace oblivion
with a pointless drive
yes, I knew many
born at gas stations
who lit cigarettes
against the tired rolled-up hose
and got nothing but
indifferent glances
from tired neon
time works for the crazed
yuppies and ex-flower children
they should take a shower in
cement blocks
very gently
the sun can't stand stale irises
black sun in a purple robe
on the threshold of a new home
this is the beginning

Panorama i noć će biti tvoja

u zaključanim sobama
moji prijatelji nižu bisere
pronađene u apotekama
a onda se
treptaj pre buđenja
kroz mlečni put i nirvanu
vraćaju na ulice gde ih čeka
hipster anđeoskog lica
i soba puna
sjajnih
neraspakovanih pakla Marlbora
tada mrtvi krstare gradom
i vraćaju na nebo
svaku malu pahulju
tada se setim
da sam ponovo sanjao Dubrovnik
žuti okrugli kamen gde sam se
prvi put razboleo
o, moja okrutna sestro
ne spuštaj prste na moje snove
tužne mlade foke koje rade
u usamljenim telefonskim centralama
na Božić
bršljani i ruže
plamte na modroplavim liticama
izgužvanog detinjstva

The Panorama and the Night Will Belong to You

in locked rooms
my friends string pearls
they found at pharmacies
and then
one flicker before waking
through the Milky Way and nirvana
they return to the streets where
an angel-faced hipster awaits them
and a room full of
shiny
unwrapped packs of Marlboros
then they cruise the city, dead
and place back into heaven
each little snowflake
that's when I remember
I dreamed of Dubrovnik again
the round yellow stone
where I first got sick
my cruel sister
don't lower your fingers to my dreams
the sad young seals working remote
telephone exchanges
at Christmas
ivy and roses
blaze on the blue-black cliffs of
a crumpled childhood

dok skačem s petnaestog sprata
i grlim noć koja prolazi
neumitno

as I jump from the fifteenth floor
and embrace the night that passes
inevitably

Korak dublje u očaj

ušla je u moju sobu i rekla
da više niko ne piše
ljubavne pesme
kome su potrebne
papirne maramice
osim dokonim devojkama
koje okreću šolje u tihim
nedeljnim popodnevima

spavanje se pretvorilo u bežanje
makete brodova i aviona
u vitrini momačke sobe
igra su oficirskih sinova
divljih i nekrštenih
telo je samo navika
ono se nasmeje svakom
ko pokaže malo pažnje na njega

svet je nekada bio pun tajni
a danas su vojnici
samo uplašena
bledunjava deca
i svaka nova devojka
putokaz je
za istu pustoš

A Step Further into Despair

she came into my room and said
no one writes
love poems anymore
who needs
tissues
only idle girls
reading coffee grounds
on quiet Sunday afternoons

sleeping turned to fleeing
model boats and planes
in the vitrine of a bachelor's studio
are a game for army brats
wild and unbaptized
the body is just a habit
it smiles at anyone
who pays it a bit of attention

the world was once full of secrets
and now soldiers
are just frightened
pasty children
and each new girl
is a signpost
to the same wasteland

Tako lako se zaboravlja

samo bespomoćni pišu
i zato pronađi smisao
na drugom mestu
nabavi bundu od veštačkog krzna
razmeni porodični nakit
za iluziju sigurnosti
koju pruža gluvarenje
navike uspavljuju kretanje
kroz pusta i zaleđena jutra
posuta samo tvojim mirisima
koje nameravaš da ostaviš
nekom drugom
na čuvanje
poznavao sam nekog ko je znao
kako su zvezde postale vodiči slepih
ali on sada spava
i čeka
da device ispletu venac
od hiljadu i jednog maslačka
koji će otvoriti vrata
anđelu
zaključanom
u roli evergrin heroja
roletne su se udebljale
i senke su osvojile
sobe devojaka

It's So Easy to Forget

only the helpless write
so find meaning
someplace else
acquire a fake fur coat
pawn the family jewels
for the illusion of safety
you get from hanging around
habits lull movement
through desolate and frozen mornings
strewn only with your scents
you plan to leave
to someone else
to keep
I knew someone who knew
how stars became guides for the blind
but he's asleep now
waiting
for maidens to weave a wreath
of a thousand and one dandelions
that will open doors to
the angel
locked
in the role of an evergreen hero
the blinds have thickened
and shadows conquer
the rooms of girls

koje su odbile da odrastu
matori nikad ne napuštaju kuću
odavno su izgubili sve prijatelje
i postali statue
hipnotisane
slikama s TV ekrana
svejedno
dok puniš usta pilulama
i žmuriš
nikada im nećeš oprostiti

refusing to grow up
the folks never leave the house
they've lost all their friends long ago
and become statues
hypnotized
by the images on the TV screen
all the same
as you fill your mouth with pills
and shut your eyes
you will never forgive them

Eskimo sreće Albino

kada sam nervozan kupujem stvari
koje mi nisu potrebne
a sve što želim jesu
     uvek otvorena zelena svetla
     na semaforu
napila si se na igranci
i završila pred matičarem
ali hajde da pričamo o stvarima
koje me nagone da sklopim oči
i budem sasvim sam
oni koji su se
bar jednom probudili
znaju da kožne pantalone
i
kao krv crvena košulja
znače bekstvo
ruke su gore i drže zastavu od staniola
grčevito kao poslednji pozdrav
s Titanika
pogledaj mene
ubogog krotitelja dosade
čije oči žmirkaju
od previše filmova i video-spotova
odrastao sam
ali nisam postao cinik
samoubistvo prezire hladne ljude

Eskimo Meets Albino

when I'm nervous I buy things
I don't need
and all I want are
          forever open green
          traffic lights
you got drunk at the dance party
and ended up before the marriage clerk
but let's talk about things
that make me close my eyes
to be all alone
those who
woke up at least once
know that leather pants
and
a blood-red shirt
mean escape
the arms are raised and holding a tinfoil flag
tightly like the last salute
from the Titanic
look at me
a poor boredom tamer
eyes blinking
from too many films and music videos
I grew up
but I didn't become a cynic
suicide scorns cold people

toplu kišu skrivenu na obrazima
pred umornom gomilom
pokaži ljubav za mene
i biće u redu
  biće dovoljno

warm rain concealed on the cheeks
before a tired crowd
show me love
and it will be fine
      it will do

Duboko, ali nikad isto

makar na tren
podari mi dodir svojih glatkih butina
i postaću tvoj guru
popločan
razglednicama
s kojih ćeš čitati bajke
za svoju još nerođenu decu
jer nema pomoći za nas
što krivo srastamo
na vrhu
bilijarskog štapa
i smejemo se kuglama
tim šarenim grudvama
koje nikada neće postati lavina
i nema pomoći za tebe
koja veruješ da
nasmejani ljudi
još jedino žive
u reklamama za patike i džins
i zašto si
izgubila želju
da budeš drugačija
i svoja
da potopiš lice u reku
i pobegneš sa ulica koje te hipnotišu
i čine bespomoćnom
nalik cveću
rasutom
po mirnoj vodi bazena

Deep, but Never the Same

just for a moment
offer me the touch of smooth thighs
and I'll be your guru
paved
in postcards
with fairytales to read
to your unborn children
because there's no help for us
who crookedly fuse
at the tip
of a pool cue
and laugh at the balls
those motley snowballs
that will never become an avalanche
and there's no help for you
who believes that
laughing people
live only
in jeans and sneakers commercials
and why
have you lost the will
to be different
and yourself
to plunge your face into the river
and run from the streets that hypnotize you
and render you helpless
like blossoms
scattered
on the calm waters of the pool

Melanholija

skoro da je bezbolno
kao samoća
kao miris plave tek oprane kose
slučajno uhvaćen u prolazu
vodeni cvetovi umiru
sve dok jedan
ne doživi jutro
a onda nestanu
pričaću ti jednom
o vencima sasušenog cveća
koje smo ostavljali
na svaku brezu
izgubljenu u magli
na blatnjavom drumu negde u selima
o devojci čije ruke drhte na kiši
sedam dugih godina
tražio sam sestru
i našao je jednog popodneva
iza prvog reda knjiga
o biljkama
glas joj je bio metalan
gutala je žetone
i džointe
sa čokoladom
nikada se nismo upoznali
spavala je u ljusci kestena

Melancholy

it's nearly painless
like solitude
like the scent of blond just-washed hair
caught by chance in passing
mayflies die
until one
survives till the morning
and then they vanish
one day I'll tell you
about the wreaths of dried flowers
we left
on every birch tree
lost in the fog
on the muddy path somewhere in the villages
about the girl whose hands tremble in the rain
for seven long years
I searched for my sister
and found her one afternoon
behind the first row of books
on herbs
her voice was metallic
she swallowed tokens
and joints
with chocolate
we'd never met
she slept inside a walnut shell

i govorila da su razgovori
samo dugi oproštaji
znala je često da uđe u moju sobu
i dodiruje mi kosu dok se
ne pretvori u prah
u ruke koje drhte
na kiši

and used to say conversations were
just long goodbyes
often she'd enter my room
and touch my hair until
it turned to dust
into hands that tremble
in the rain

Povratak i čekanje da se desi

niko ne kontroliše ruke hipnotizera
niko ne vidi onog ko u ovoj
beskrajnoj noći
obuva dečije cipelice
dok Hirošima
poklanja hiljadu golubova nebu

usta punih kolača debela devojka
spava pokrivena zastavom
pijana od istorije
umorna od košmarnih snova
spaljeni su novi gradovi i sela
a mi još nismo videli suze
u njenim očima

drveće raste nakrivo
i ne želi da ima decu
stari automobili
još su jedini odani prijatelji
i mokri jastuci trunu
na korak
od sasvim novog zaborava

The Return and Waiting for It to Happen

no one controls the hands of the hypnotist
no one sees the one who in this
endless night
dons children's shoes
while Hiroshima
gifts a thousand doves to the sky

her mouth full of cake the fat girl
sleeps wrapped in the flag
drunk with history
tired from nightmares
new towns and villages were burned
and we still haven't seen tears
fill her eyes

the trees grow crooked
and won't multiply
old cars are the only
true friends left
and tear-soaked pillows rot
a step away
from a whole new oblivion

Karneval

otadžbini ne pomaže dobrota
već samo ranjivost njenih
najpametnijih kćeri
lepota nas je ostavila
da oplakujemo sopstvenu usamljenost
i sve što znam
jeste da ličimo na slaboumnu decu
koja još žive u školskom dvorištu
venčanje u belom
smrt ispod točkova
ulice Majakovskog i Turgenjeva
samo su odore mladosti
nikada odsanjane
zauvek iste i zaboravljene
zaključao sam se u sobu
i legao na prašnjavi parket
pod svetlom što na trenutak
obasjava prozor
i prekida sećanje na onu noć
u kojoj su majke palile sveće
za sve izgubljene sinove
zavedene i ostavljene
u blatnjavim poljima Slavonije

Carnival

goodness won't help the homeland
only the vulnerability of her
smartest daughters might
beauty left us
to mourn our own solitude
and all I know is we resemble
foolish children
still living in the schoolyard
a wedding in white
death under the wheels
Mayakovsky and Turgenev streets are
only the robes of youth
never dreamed through
forever the same and forgotten
I locked myself in my room
and laid down on the dusty boards
under the light that, for a moment,
illumines the window
and interrupts the memory of that night
when mothers lit candles
for all the lost sons
seduced and abandoned
in the muddy fields of Slavonia

moja majka i sestra jedine su
koje uvek dođu da me poljube
koje uvek dođu
da me poljube

my mother and sister are the only ones
who always come to kiss me
who always come
to kiss me

Prizori iz zabavnog parka

voleo sam
putovanja kabrioletom
(marama, naočare za sunce i sportska bluza)
naučio nešto o ljubavi
iz knjiga i pop pesama
ali to je slaba uteha
za sve propuštene prilike
iz zabavnog parka
mladosti

popeo sam se na planinu
velike jeze
video vatru
i električnu gitaru
poliester tuniku
s visokom kragnom
koja omogućuje svakom
da zasija kao zvezde

ono što roditelji
nikada nisu rekli deci
jeste da je kreacija
sjedinjavanje s univerzumom
i da se izlaz zove
pištolj
ili
drveni krst

Scenes from the Amusement Park

I loved
trips in the convertible
(bandana, sunglasses and polo shirt)
I learned something of love
from books and pop songs
but that's a cold comfort
for all the missed opportunities
from the amusement park
of youth

I climbed the mountain
of big chill
saw the fire
and the electric guitar
polyester tunic
with a high collar
that lets everyone
shine like stars

what parents
never told their kids
is that creation is
becoming one with the universe
and that the exit is called
a gun
or
a wooden cross

prozori su nemoćni
i ne žele da menjaju svet
oni gledaju
na jednu sasvim običnu ulicu
onu za koju ne znaš
da postoji

windows are helpless
and they don't want to change the world
they look out
onto a very ordinary street
the one you don't know
exists

Obešeni o mesec

navikli smo da stvari dobijamo
presporo ili prekasno
i ta nam brzina
ne znači ništa
presporo ili prekasno dobijati
a vrlo brzo trošiti
talenat je
hendikep za hepiend

sjajna sezona za široka odela
za ramena koja se ne stide
svoje nemoći
sjajna sezona za brojanje pahulja
iz baršunastog podzemlja
pokaži moć
jer niko ne veruje rečima

uvek sam sedam ličnosti
udaljen od sebe
rekao je Kepten Bifhart
i još uvek se tražim
imao sam potrebu da otputujem
izašao sam iz jedne ličnosti
i pošao ka drugoj

Hung From the Moon

we're used to getting things
too slow or too late
and that speed
means nothing to us
receiving too slow or too late
and spending very fast
is a talent
a happy-end handicap

it's a great season for wide suits
for shoulders unashamed of
their helplessness
a great season for counting snowflakes
from the velvet underground
show your might
because no one believes words

I'm always seven personalities
away from me
said Captain Beefheart
and I'm still looking for myself
I felt the urge to go on a trip
I left one personality
and started toward another

krunisana pank princeza
u crnoj kožnoj jakni
na nagom telu
igrala je pogo
po rasturenim kontejnerima
dok je široki starinski automobil
klizio preko bioskopskog platna
i njena ruka pulsirala
na vratu Telekastera

do glečera i nazad
kroz napuštene sobe i prazne vozove
nosio sam viziju prostora
u kome ću odmarati ruke
i sakupljati
leptire i teleskope

ne, nikada neću da prodam
svoju radionicu pejzaža
ali ti
ti moraš da beležiš svoje snove
i ne dozvoliš da ih ljudi povrede

the crowned punk princess
in a black leather jacket
over nude flesh
danced the pogo
all over the flipped containers
while a wide classic car
glided across the movie screen
and her hand pulsed
on the Telecaster's neck

to the glaciers and back
through abandoned rooms and empty trains
I carried a vision of the space
where I'd rest my hands
and collect
butterflies and telescopes

no, I will never sell
my landscape workshop
but you
you must write down your dreams
and don't let people hurt them

Burn, baby, burn!

niko ne želi da kupi
moje savršeno lice
glatke stranice uvoznih revija
koje sam skupljao i čuvao
za potpalu vatre
kada sneg
zatrpa prozore
moje oči zovu se dosada
na ulicama koje su hladne ovog leta
moja majka je dugometražni film
koji ću zaboraviti
čim zatvorim vrata
potrebna mi je
pažnja
baš kao i umetnicima
deci i kriminalcima
tvoje guste obrve
tvoje bose noge
mladež iznad gornje usne
o, Sindi
ti si samo divlja čežnja
iz ulice u kojoj nikada ne pada sneg
vernost je esencija
koja se ne može dosegnuti
sećanja nisu dovoljna
za godine uzaludne borbe

Burn, Baby, Burn!

no one wants to buy
my perfect face
the smooth pages of foreign magazines
I collected and kept
to light a fire
when snow
buries the windows
my eyes are called boredom
on the streets, cold this summer
my mother is a feature film
I'll forget
as soon as I close the door
I need
attention
just like artists
kids and criminals
your thick eyebrows
your bare feet
the birthmark above your upper lip
oh, Cindy
you're just a wild desire
from that street where it never snows
fidelity is an essence
that can't be attained
memories are not enough
for the years of futile struggle

osim Pepeljugi koju nosi matica
u hromiranom kovčegu
isekao sam kožu žiletom
jer hrli u starost
i ostavlja me
u ovoj
mladosti
koja ne prolazi

except for Cinderella carried by the current
in her chrome casket
I sliced my skin with a razor
because it rushes into old age
and leaves me
in this
youth
that won't pass

Džinovski pesak

preterani optimizam
je predvorje šizofrenije
nesposobnost da se trepavice
razlepe od slatke obamrlosti
i nemačkih sapuna
mirišljavih i otpornih na vodu

nasmej me

to je ono što uvek kažeš
a dobro znaš da je onaj sitni
jevrejski dečko
skončao u sjajnom automobilu
u isto ovako sparno popodne
mali Džejms Din
kralj novinskih postera
za kojim si plakala svaki put
kada bi tvoja kosa dotakla
bele uštirkane jastučnice

pobuna je odavno zaboravljena

u ulici Dušanovoj
gde smo ostavili najbolje prijatelje
sada stoje nemi svedoci
bračnih svađa

Giant Sand

too much optimism
is schizophrenia's waiting room
the inability to unstick the eyelashes
from their sweet trance
and German soaps
fragrant and waterproof

just make me laugh

is what you always say
though you well know that the slight
Jewish kid
met his end in a shiny car
on a humid afternoon like this one
little James Dean
the king of the centerfold
you cried for him every time
your hair touched
starched white pillowcases

the rebellion's long forgotten

on Dušanova street
where we left our best friends
mute witnesses
of marital fights now stand

i pitaju se
kuda je otišao život
koji su poznavali

leto je

a ti ne izlaziš iz kreveta
i sve što želim je da budem
prijatelj s tobom
u vremenima
kad nam jedino preostaje
da habamo sopstvenu prošlost

neko zvoni na vratima

to su bogovi odlučili
da siđu s predizbornih plakata
i podare inspiraciju samoubicama
o da, tako si pospana
da ti ne mogu oprostiti
što me nisi izbacila iz ovog
akvarijuma sa tako mnogo
gledalaca

s knjigom ispod jastuka

zemaljski dani stoje
soba je igračka

asking themselves
where life as they knew it
has gone

it's summer

and you don't get out of bed
and all I want is to be
friends with you
in the times
when all we have left is
to wear out our own pasts

someone's ringing the doorbell

the gods have decided
to step off the election posters
and give inspiration to suicides
oh yes, you're so sleepy
that I can't forgive you
for not throwing me out of this
aquarium with so many
spectators

with a book under the pillow

earthly days stand and wait
the room is a toy

garaža je geto bezazlene ljubavi
u džinovskom pesku
rakovi idu unazad
i ne daju se prevariti

tkivo odumire
dva puta brže od vremena

the garage a ghetto of harmless love
in the giant sand
crabs walk backwards
and don’t let themselves be fooled

tissue dies off
twice as fast as time

Ptica od žada

jednom
u jesen
kao konfete
kao najfinija prašina
padao sam po vinilnim brazdama
usporenih melanholičnih ploča
jer nisam mogao da podnesem
našu apatičnu romansu
njene oči umiruće aristokratije
i to samrtno bledo lice
plemićkih izdanaka

želeo sam da nestanem
pod teškim vazduhom
četinarske šume
pijan ležim
na sivim peronima
železničkih stanica
i posmatram malokrvnu
plavokosu decu kako prolaze

satima sam gledao u fotografiju
sitne, krhke devojke
u kaputu do gležnjeva
one iste čije beživotno telo je
dvanaest dugih kilometara do sela

The Jade Bird

once
in the fall
like confetti
like the finest dust
I fell over the vinyl grooves
of slowed-down melancholy records
because I couldn't stand
our listless romance
her dying-aristocrat eyes
and that deathly pale face
of noble roots

I wanted to disappear
under the heavy air
of the evergreen forest
to lie down drunk
on the gray platforms in
train stations
and watch anemic
blond children go by

for hours I stared at the photograph
of a small, fragile girl
in an ankle-length coat
the same one whose lifeless body was
carried for eight long miles to the village

nosio čovek koji se rodio
u železničkom vagonu
na periferiji Beograda
i bio moj otac

sedeo sam dokono na klupama
i gledao turiste kako
skupljaju uspomene
za porodične albume
i hladne mermerne ploče
unapred kupljenih grobova
o, Viena
nepomičan kao ptica od žada
čekam
ne možeš mi pružiti utehu
samo akvarele kišovitih ulica
nemam ti šta reći

by a man who was born
in a train car
on the outskirts of Belgrade
who was my father

idly I sat on the bench
and watched tourists
collect memories
for the family album
and the cold marble slabs
of prepaid graves
oh, Vienna
motionless as a jade bird
I wait
you can't give me comfort
only watercolors of rainy streets
I've nothing to say to you

Ružičasto raspeće

seti se
bili smo zaljubljeni u istu devojku
zajedničkim novcem kupili kola
i vozili se okolo bez cilja
svakome po jedno rame
i jedan prozor
pravili planove
da pobegnemo u Ameriku
i tamo živimo u prodavnici ploča
seti se
kako si razbio pepeljaru
ispod koje ti je majka
ostavljala novac
svakog jutra kad bi pošla na posao
ružičastog raspeća kome si se molio
svako veče pred spavanje
seti se
kako smo verovali da stvari mogu
da se promene
ali
život uvek krade zagrljaje
za nekog drugog
došla je kod mene u stan
a da je nisam pozvao
uostalom
bio si suviše odsutan da shvatiš

The Rosy Crucifix

remember
we were in love with the same girl
we pooled our money and got a car
and drove around aimlessly
to each one shoulder
and one window
we made plans
to run away to America
and live there in the record store
remember
how you broke the ashtray
that your mother
left you cash under
every morning when she left for work
the rosy crucifix you prayed to
each night at bedtime
remember
how we believed that things
could change
but
life always steals embraces
for someone else
she came to my apartment
and I never even called her
in any case
you were too spaced out to understand

kako je došetala u moju sobu
i s lakoćom mi se uvukla
u krevet
i reči sada ne pomažu
ćutao si danima
i čekao
da te neko pokupi
kao nežnu i lomljivu
japansku salvetu između
praznih listova sveske

how she strolled into my room
and slipped with ease into
my bed
and words don't help now
you were silent for days
and waited
for someone to pick you up
like a frail delicate
Japanese tissue between
empty notebook pages

Povest o Marleni

od ponoći ka jutru
i nikada nazad
nalaziš samo pepeo
koga ne želi da se seća tvoja koža
prah koji pokriva tvoj san
mogao bi biti beli
beli sneg

tvoja kolena mramorni su stubovi
na kojima je opisana sudbina
svih nas
koji smo te upoznali
nemir tvojih tabana bio je
prerana zrelost
probuđena još na prvoj
srednjoškolskoj ekskurziji

nikada nikom
ne objašnjavaj svoj život
možda ću umesto tebe to učiniti ja
i onda će svi morati doći k meni

da im pokažem kako da te zaborave
u najlonskoj kesi
lepak za laku noć i dugo putovanje
kroz rej ban ogledala

Marlena's Tale

from midnight to morning
and never back
you find only ashes
your skin doesn't want to remember
the powder that covers your dream
could be white
white snow

your knees are marble pillars
that tell the fate
of all of us
who've met you
the unrest of your soles was
a hasty wisdom roused
on the first
high school class trip

never explain
your life to anyone
maybe I'll do it for you
and they'll all have to come to me
to show them how to forget you
in a plastic bag

the goodnight glue for the long trip
through Ray-Ban mirrors

od ponoći ka jutru
i nikada nazad
i dalje poklanjaš
parče po parče svoje kože
ljudima koje ne poznaješ
u crnoj vodi
s kapuljačama umesto podočnjaka
život je najsporija
od svih smrti

from midnight to morning
and never back
you keep giving
your skin away bit by bit
to people you don't know
in the black water
with hoods for eye bags
life is the slowest
of all the deaths

II.
DARK HIGHWAY

U potrazi za potpuno novim bekstvom u prošlost

snaga koja spava u zrnu bibera
još jedno je otkriveno čudo
kao i svetlost
a ti si već
sa prvim zalogajima u formi
pričaš i planiraš
lepo te je gledati
kako razmičeš maglu
prohladnog jutra
i praviš mesto
za svoja široka ramena
dok posmatram kako oblačiš haljinu
koja ti ne stoji
i spada već sa prvim vetrom
čekam još jedan udarac
koji mi zadaješ
s osmehom neshvaćene žene

nelagoda briše bore oko očiju
dok razgledam izloge i murale
treba više oslikanih zgrada
jer previše je
prevarenih supružnika
mašina će te voleti
ako joj ubaciš novčić

In Search of a Completely New Escape into the Past

the force that sleeps in a grain of pepper
is another miracle revealed
like the light
and already
from the first bite you're in top form
you talk and plan
it's lovely to look at you
part the chilly
morning mist
and make space
for your broad shoulders
while I watch you put on a dress
that doesn't fit right
and slips off from the first gust
I wait for another blow
you'll deal me
with the smile of a woman misunderstood

discomfort erases crow's feet
as I scan storefronts and murals
we need more painted buildings
because there are too many
betrayed spouses
the machine will love you
if you slide in a coin

i čovek će ti uvek pričati
o tiraniji preživljavanja
ali telo
telo te nikada neće slagati
strasti su pola života
pa ipak
one nas ne poznaju

and a man will always talk to you
about the tyranny of survival
but the body
the body will never tell you lies
passions are one half of life
and still
they don't know us

Budućnost je viđena na našim ulicama

svetlost treperi
dok pahulje poništavaju noć
telo pored koga ću leći
ne sluti
nemir moje utrobe
godine naplaćene
vožnjom
kroz zavejani grad

lakše mi je nego juče
ali kome je to važno

naši životi pripadaju svima
koji su ih bar jednom dotakli

The Future Was Seen on Our Streets

light flickers
while snowflakes negate the night
the body I will lie down next to
doesn't sense
the unease in my belly
the years paid for
by the ride
through the snowed-in city

I feel better than yesterday
but who cares

our lives belong to everyone
who touched them at least once

Za soničnu mladost

stakla premazana glicerinom
bežanje u tople školjke
iznajmljenih soba
drvoredi u sumrak
prepodnevne bioskopske predstave

poljubac neonske usne
ležanje na krovu zgrade
pored kućice za lift
pop muzike
dokolica
ulična sezona vinila

predeli naseljeni devojkama
s kalendara
stepenice na pozorišta
hodanje u mokrim cipelama
široki pokreti džinsa
mračan industrijski dizajn

zagrli me
ja sam tvoja jedina budućnost
možda samo tvoja prošlost
pa ipak
vreme je otputovalo
bez nas

svako od nas izabrao je
sopstvenu privilegiju

For Sonic Youth

glass panes smeared with glycerin
escaping into warm shells of
rented rooms
alleys of trees at dusk
movie matinees

the kiss of a neon lip
lounging on the rooftop
by the elevator shed
pop music hypnosis
indolence
the season of street vinyl

landscapes peopled with
calendar girls
the theater staircase
walking in wet shoes
the wide motion of jeans
dark industrial design

hold me close
I'm your only future
maybe only your past
and still
time left on its journey
without us

each of us chose
their own privilege

Voleo bih da sam benzin, da sam energija

dođi da ti pokažem
jezik od ježeva
lepši od
karnevala i košarke
uspomene iz dvorišta
velike stihove ukletog pesnika

zar ne vidiš
svako se već snašao
za svoju porciju pažnje
samleveni i poraženi
tinjaju
pod svetlima
uličnog performansa
dok žene i dalje biraju pobednike
za očeve svoje dece

rano sam otišao od kuće
hodao ulicama
i mislio da je
svet mesto
po kome ću se prošetati
i uzeti ono najbolje za sebe

I'd Love to Be Gasoline, Be Energy

come and I'll show you
hedgehog tongue
more beautiful than
carnival and basketball
backyard memories
the great verses of the cursed poet

don't you see
everyone already grabbed up
their own serving of attention
minced and defeated
they smolder
under the lights
of street performance
while women still pick winners
to father their kids

I left home young
walked the streets
and thought
the world was a place
I'd just stroll through
and pick out the best for me

zapamti
nikad nećemo dobiti ništa
osim bleskova neprodatih vizija
nikad nećemo dobiti ništa
osim praznine

remember
we'll never get anything
but the flash of unsold visions
we'll never get anything
but the void

Sve što želim od vas su udarci koje mi zadajete

ekrani umesto zidova
točkovi umesto cipela
pobeći iz zatvora

nebo me zaslepljuje
zatvaram oči
od ljudi ne očekujem ništa

u zemlji
dosijea i batina
kamere su uključene

moraš se suprotstavljati
ljudima
to pročišćuje

All I Want from You Are the Blows You Deal Me

screens for walls
wheels for shoes
to escape the prison

the sky blinds me
I close my eyes
I expect nothing from people

in the land
of files and beatings
the cameras are on

you have to defy
people
it's cleansing

Veliki umor

ne trpim više
ni sopstvenu kožu
ni zlatni krejon Predsednika i njegove publike
ni brze pruge napretka ka sjajnoj budućnosti
koja nas čeka baš iza ugla
sa zarđalom sekirom
ni bleštave reči
što tupo odjekuju u vlažnim sobama
suterenima i nedovršenim kućama
ni svetlost neona
ogromnih supermarketa
ni šarenu ambalažu čokolada
kojima je istekao rok upotrebe

ne trpim više
ni svemoćnog boga Fudbala
ni svakodnevnu povećanu radijaciju
ni sopstveno telo statiste u porno menažeriji
jer ja sam sin Hristovog sina
na privremenom radu
u zoološkom vrtu evolucije
u prtljažniku nosim televizor
i sanduk rashlađenog piva
špil obeleženih karata
šešir i jaja goluba
za nastupe

The Great Fatigue

I can't even stand
my own skin anymore
or the golden crayon of the President and his audience
or the progress fast track to a bright future
awaiting us just around the corner
with a rusty axe
or shiny words
echoing dully in damp rooms
basements and unfinished buildings
or the neon light of
giant supermarkets
or the chocolate in motley wrappers
past its expiration date

I can't stand any longer
the almighty God of Soccer
the radiation that increases daily
or my own body of a porno menagerie extra
because I'm the son of Jesus' son
temping
in evolution's zoo
I carry a TV in my trunk
and a case of cold beer
a pack of marked cards
hat and pigeon eggs
for performances

po zadružnim domovima
mesnim zajednicama
i partijskim ćelijama

ne trpim više
gomilanje neopeglanog veša
gomilanje neplaćenih računa
gomilanje piramida osiguranja
i multi level uzmi-pare-i-beži piramida
ne trpim više
ples sa ljudima
predvojničku obuku iza okuke
borbu gladijatora i nemoćne publike
ritualno ubijanje princeza u obdaništima
prazne foto-albume
navlažene šibice
jer lomače
odavno čekaju spremne i trunu u magli

a vi
zaokružite NE
zaokružite kako vam se kaže
a posle nazad u bedu
u slivnike
u gumene cipele
u karneval turbo-folk transa
jer ja ću umesto vas da podižem staklenike od reči
ja ću umesto vas da zaokružim DA

in public housing
community centers
and party cells

I can't stand
the piling up of crumpled laundry
piling up of unpaid bills
piling up of insurance ziggurats
and multi-level take-the-money-and-run pyramids
I can't stand
dancing with people
the army camp around the bend
gladiators battling a helpless audience
the ritual murder of princesses in kindergartens
empty photo albums
wet matches
because pyres
ready long ago grow rotten in the mist

and you
circle NO
circle what they tell you
and later back into misery
back into sinks
into rubber shoes
into the carnival of turbo folk trance
because I'll raise glasshouses of words for you
in your stead I'll circle YES

za budućnost
koju smo ostavili da čeka na slepom koloseku
ja ću umesto vas da budem
sveže meso za pendreke
jedini krivac za
suzavac i zapaljene kontejnere
i zaboravih da kažem
napraviću spisak svih onih koji su
sedeli u prvim redovima i aplaudirali
pročitaću ga javno kad za to dođe vreme
tu malu tajnu čuvaću za dan kad
očajanje preplavi kofere
i moja zemlja postane
moja materica
moj humus
moja mermerna ploča

i tražiću nazad svoje godine
i vaše godine umesto vas koji ne znate da pišete molbe
tražiću nazad s kamatom
invalidninu
za nepojedeno južno voće
za kofere koji čame u podrumu
za propuštene prilike
tražiću da se vrate ljudi
koji su se odselili u toplije krajeve
ptice koje nisu mogle da žive u kokošinjcu
unajmiću Terminatora da se vrati

for the future
we left waiting on the dead track
instead of you I'll be
fresh meat for the billy clubs
the only one to blame for
the tear gas and burning containers
and I forgot to say that
I'll make a list of everyone who
sat in the front row and clapped
and I'll read it aloud in public when it's time
I'll keep that little secret for the day when
despair floods the suitcases
and my country becomes
my womb
my topsoil
my marble slab

and I'll ask for my years back
and your years, for you who don't know how to
   write appeals
I'll demand back with interest
disability pay
for uneaten southern fruit
for suitcases languishing in the basement
for missed chances
I'll ask the people who moved to warmer places
to come back
those birds that couldn't live in a hencoop

u prošlost
i ubije one koji su sve ovo i započeli
želim da kažem da je previše ljudi otišlo
i da je sve ovo predaleko otišlo
jer Dominikana i Novi Zeland traže nove žrtve
mladu inženjersku krv spakovanu u mali crveni pasoš

a ti Srbijo
uspavana lepotice pod šljivinim drvetom
seti se sopstvene istorije pognutih glava
pet godina ropstva
pedeset godina ropstva
petsto godina ropstva
zar su za tebe godine zrna peska
u ogrlici večnosti
i gde je sada taj gnev od previše poraza
i premalo hrabrosti
zar nisi umorna
od sitne trgovine
šverca i buvljih pijaca
dok tvoji muškarci nose pocepane čarape
četvrt hleba i salamu pod miškom
kriminalci
seku šume dvadeset i četiri časa na dan
i pretvaraju ih u predizborne plakate

dvesta gladnih pijavica sisa tvoju krv
dvesta gladnih pijavica određuje strane sveta

I'll hire Terminator to return
to the past
and kill the ones who started all this
I want to say that too many people have gone away
and all this has gone too far
because the Dominican Republic and New Zealand
  seek new victims
young blood of engineers packed in a little red
  passport

and you, Serbia
you sleeping beauty under the plum tree
remember your own history of heads bowed
five years of slavery
fifty years of slavery
five hundred years of slavery
are years to you just grains of sand
in infinity's necklace
and where's that rage now, at too many defeats
and too little courage
aren't you tired
of small trade
smuggling and flea markets
while your men wear torn socks
a quarter of a bread loaf and a salami under their arm
criminals
cut down forests twenty-four hours a day
and turn them into election posters

dvesta gladnih pijavica postavlja abažure umesto neba
i dok ruke
tako nemoćne
padaju po oblacima istorije
samo agenti marljivo rade
žanju izveštaje
prisluškuju
i batinaju
oni su zaista profi
uigrani NBA šampioni
moćni osmerac s kormilarom
i blanko dozvolom za prebrzu vožnju

sablasti i senke
fikus u uglu sobe i radni sto od iverice
jedem sezonsko voće i razmišljam o budućnosti
putokazi su prestali da važe
novac je uzeo dušu svima
osim svecima
i već je
previše nervoze na ulicama
Služba je zakasnila da belim magovima
dostavi knjigu snimanja
najnoviji scenario
sa srećnim krajem

pokušaću da zaboravim na smrt
ali tako je teško ćutati
kad nema straha

two hundred hungry leeches suck your blood
two hundred hungry leeches appoint the world's
  four corners
two hundred hungry leeches replace the sky
  with lamp shades
and while hands
so impotent
drop on history's clouds
only the agents keep working diligently
reaping reports
eavesdropping
and battering
they're real pros
practiced NBA champs
a mighty eight with a coxswain
and carte blanche for excessive speed

ghosts and shadows
the ficus tree in the corner and the chipboard desk
I eat seasonal fruits and think about the future
signposts are no longer valid
everybody lost their souls to cash
except the saints
and already
there's too much tension in the streets
the Agency didn't get the script
to the white magicians on time
the latest scenario
with a happy end

od raspadanja
batinanja
zatvaranja
još nisam video prave disidente
pisce koji štajkuju glađu
njima je toplo
u kulturnim dodacima dnevnih novina
ne trguje se večnošću jer ona ne postoji
samo večita igra ega
na magistrali prolaznosti
pred prolaskom kroz kapiju
apostoli u belim Armani odelima
upiru prstom u veliku ljudsku pustinju
agenti kleče i traže oproštaj od petogodišnje dece
visokotiražni diktatori plaču napušteni od svih
navučeni
na hazard
na ulogu Boga
na sedative
na maloletnice
na čarobne štapiće

pomiluj psa
pametnog haskija koji sedi ispred dragstora
kome je on skrivio sudbinu
ali on je mudriji od mene
i ne laje
u noći bez meseca zavijaju sirene

I'll try to forget about death
but it's so hard to stay silent
when you don't fear
falling apart
beatings
imprisonment
I haven't met real dissidents yet
the writers on a hunger strike
they're keeping warm
in the dailies' cultural supplements
you don't trade with eternity because it doesn't exist
just an eternal game of the ego
the highway of transience
before the pearly gates
apostles in white Armani suits
point at the vast human desert
the agents kneel and beg forgiveness from five-year-olds
high-circulation dictators weep abandoned by all
hooked
on hazard
on the God role
on sedatives
on underage girls
on magic wands

pet that dog
the smart husky in front of the drugstore
he didn't deserve that fate

racija na svakoj boljoj zabavi
studentski domovi prekovremeno rade
orgije u svakoj sobi
jeftino piće
i seljačka krv koja vitla duboko u noć
silikonske grudi turbo-ikona
i ruke gore
video sam budućnost rokenrola
kako pijana spava u menzi

blindirani automobili svetlucaju na suncu
iza tamnih stakala voze se lica s poternica
nema kajanja u njihovim očima
ali njihova sudbina je jasna
film je pri kraju
a lopovi još uvek beže
film je pri kraju
a oni se i dalje nervozno smeškaju
briga me za njih
odavno sam odlučio šta ću da uradim
ustaću i izaći na ulicu
jer glavni junak mog života
mora da pobedi
tačno u podne
sam
kada za to dođe vreme

moj gnev ne dopire dalje od dnevne sobe
beleške nemoćnog čoveka

but he's wiser than me
and doesn't bark on
moonless nights while sirens wail
police raid every decent party
student housing's open after hours
orgies in every room
cheap booze
and hick blood whirling deep into the night
the silicone breasts of turbo icons
and hands up
I saw rock-n-roll's future
passed out drunk in the cafeteria

armored cars glisten in the sun
faces from wanted posters ride behind dark glass
no remorse in their eyes
but their fate is clear
the film's almost over
and the thieves are still on the run
the film's almost over
and still they grin nervously
what do I care
I decided what to do long ago
I'll get up and go into the street
because my life's main protagonist
must win
at high noon
alone
when the time comes

nikome nisu potrebne
jer duše nisu nevine
ni deca nisu nevina
ni nebo nije nevino
i znam da neće biti kajanja
ni katarze
ludaci su preuzeli ludnicu
ubili su Korta
kremirali Kafku
kampuju ispred Kremlja
i nisam želeo tu ulogu svakodnevnog heroja
to je za neke jače i hrabrije
i nisam želeo
taj svakodnevni bes
želeo sam da budem turista
da koračam šinama
i budem stariji brat
sopstvenoj deci

tajna društva
telefoni
pretresi
prebijanja
čir na želucu
maska na licu navijača
dugometražni horor na pustoj zemlji
opisati
ili zaklopiti oči

my rage doesn't reach beyond the living room
the notes of a helpless man
are of no use to anyone
because souls are not innocent
and kids are not innocent
not even the sky is innocent
and I know there will be no remorse
or catharsis
the madmen have taken over the madhouse
they killed Corto
cremated Kafka
they're camping out in front of the Kremlin
and I didn't want to play the hero next door
that's for someone stronger and braver
and I didn't want
that mundane rage
I wanted to be a tourist
to walk the rails
and be the older brother
to my own children

secret societies
telephones
searches
beatings
a stomach ulcer
the mask on the sports fan's face
the horror feature on vacant ground

te školjke s biserima od mutnog stakla
izneti na berzu
ili ovi izlivi nežnosti
nisu li oni tek loša terapija
stariji sam deset godina
i to iskustvo ne čini me jačim
možda tužnijim i umornijim
sedim u dnevnoj sobi ali ne vidim smrt
samo je beda svuda oko mene
nabubreli leš izbacuje voda

to describe
or to close my eyes
those shells with pearls of opaque glass
take them public
or are these outpourings of tenderness
just lousy therapy
I'm ten years older
and that experience doesn't make me any stronger
maybe sadder and more tired
I sit in my living room but I don't see death
just misery all around me
the swollen corpse expelled by the tide

Najbolje godine naših života

putujemo posteljama
umorni od još jedne navike
tela mladih i lepih bogova
postala su tela
neprijatelja

krevet na kome smo
proveli godine
postao je muzej
okamenjenih strasti
i opet imamo razlog
da jedno drugom
okrenemo leđa
kad ugasimo svetlo

izgubio sam te
nenamerno i lako
i još jednom smo postali
divni gubitnici
helijumske lutke
u osvetljenim izlozima lokala

sunce lebdi
nad promrzlim parkom
obasjava suvi zimski pejzaž
najveća gužva

The Best Years of Our Lives

we travel over beds
tired from yet another habit
the bodies of young and beautiful gods
have turned into the bodies
of enemies

the bed we
spent years in
became the museum
of petrified passions
and still we have a reason
to turn our backs
on one another
when we switch off the light

I lost you
unwittingly, without effort
and once more we've become
the beautiful losers
helium dolls
in the bright windows of bars

the sun floats
above the frozen park
lighting up the arid winter landscape
the biggest crowd

u autobusu za groblje
samo je vetar
usamljeniji od nas

is in the bus to the cemetery
only the wind is
lonelier than us

Čekajući da se stvari same dogode

čitao sam
nešto me je podsetilo na tebe
kako si zavaljena
u zadnjem sedištu automobila
uporno izbegavala
moje poljupce
te razorne talase mora
kad su jedra pucala od vetra
a čamci za spasavanje
bili daleko

nisi bila spremna

brada ti je podrhtavala
dok je noć promicala
na obrisima
tvojih kukova
u plamenu upaljača koga
si držala tako nervozno

pogrešio sam

pustio sam te da odeš
i sada
uzalud opisujem
hotelske sobe u kojima se

Waiting for Things to Just Happen

I was reading
something reminded me of you
how lounging
in the back seat of the car
you stubbornly avoided
my kisses
those ruinous sea waves
when sails ripped open in the wind
and lifeboats
were remote

you weren't ready

your chin quivered
as night passed
down the outlines of
your hips
in the flame of the lighter
you held so nervously

I made a mistake

I let you go
and now
in vain I describe
the hotel rooms where you

svlačiš samo za mene

dok ležim

i pušim još jednu cigaretu
ti ostaješ naga
s maramom oko vrata
dugom svilenom maramom
koja ti kao veliko klatno
pada po sredini grudi
i njiše se dok prilaziš
i cigareta dogoreva

ipak

ta marama
tako laka i daleka
je neka vrsta bola
granica koju
nikada nisi želela da pređeš
teško je to razumeti

sedim u kući i čitam

zamišljam stabla
s hiljadu cvetova
stabla polegla po zemlji
i vetar koji leti

take off your clothes
just for me

while I lie

and smoke another cigarette
you're left naked
with a scarf around your neck
a long silk scarf that
like a great pendulum
falls between your breasts
and swings as you draw near
and the cigarette burns out

still

that scarf
so light and distant
is some kind of pain
the line you
never wanted to cross
it's hard to understand

I sit in the house and read

I imagine trees
with thousands of flowers
trees laid along the ground

nikoga ne očekujem noćas
osim samoće
osim gradova
koji se približavaju

and the gusting wind
I'm not expecting anyone tonight
except despair
except the cities
drawing near

Korto, vrati se

crno svetlo na prilazu kuće
zlatno prstenje na rukama
fotografija sa venčanja
iznad bračnog kreveta
beskorisni su
kao i opisivanje ekstaze

nikad se ne možeš osloniti
na nekoga ko je imao
uredno detinjstvo
samo izabrani
dobijaju ključeve na rođenju

istraživao sam stvarnost
više od ostalih
moja jetra
težak je radnik šou-biznisa
ipak
znam da neću umreti na ulici
iako sam to oduvek priželjkivao

sam
kada noć dođe po mene
prepoznaću svoje ljubavi
usamljene žene
pune ludila i ego treša
i to će biti dovoljno

Corto, Come Back

black light on the porch
gold rings on fingers
the wedding portrait
above the marriage bed
are useless
like describing ecstasy

you can never rely on
someone who had
an orderly childhood
only the chosen
are handed the keys at birth

I probed reality
more than the rest
my liver is the hardest worker
in show business
and still
I know I won't die in the street
although I always wanted to

alone
when night comes for me
I'll recognize my loves
the lonely women
full of madness and ego trash
and that will be enough

već sutra biću drugačiji
mada mnogi misle
da me dobro poznaju
već sutra biću suroviji
mada ništa manje ljubazan

posle ovih pločnika
počinje provalija
poslednja straža
na putu za istok
moram biti spreman

by tomorrow I'll be different
though many think
they know me well
by tomorrow I'll be even crueler
though no less polite

where these sidewalks end
the abyss begins
the final guard
en route to the East
I must be ready

Tamna magistrala

u sporom putovanju kroz ljude nalik na virus
strpljenje se pretvorilo u zlato
na tamnoj magistrali subdine
događaji su pretekli sećanje

miris poljskog cveća nije više uzbuđivao device
u dugim belim košuljama
i Elvis
sam u svojoj kući na tamnoj strani Meseca
rešio je da unajmi sobara kad se na vratima pojavio Če
ja sam taj koji vam je potreban
rekao je
moji su prsti ostali
u bolivijskim šumama punim paprati i magle
ali zastavu nosim ispod košulje
tkanu uz pesmu revolucionara
sloboda ili smrt

izvaljen na leđima pušim
mali disonantni orkestar nežno lomi tišinu
to pluća tiho pucketaju osuđena na sporo umiranje
kraj će doći pre ili kasnije
svejedno je
a dim
samo jedan mali dim iz nargile donosi smirenje
luksuzan prekookeanski brod za umorne i bogate

Dark Highway

on its slow virus-like journey through people
patience turned to gold
on the dark highway of fate
events overtook memory

the scent of field blossoms no longer excited the virgins
in their long white shirts
and Elvis
alone in his house on the dark side of the moon
just made up his mind to hire a butler when Che
   appeared at the door
I'm the one you're looking for
he said
my fingers remained
in the forests of Bolivia full of fern and mist
but I carry the flag under my shirt
woven to the revolutionaries' song
freedom or death

stretched out on my back I smoke
a tiny dissonant orchestra gently breaks the silence the
sound of crackling lungs fated to slow death
death comes sooner or later
it doesn't matter
and smoke
just a short drag from the hookah brings peace

posmatram kako pristižu bučni turisti
zveraju po gužvi i panično stežu svoje pasoše i novac
u seoskoj kafani
nude im zelene kolače
čupave slatkiše prelivene zvukom ratnih bubnjeva
čija jeka traje vekovima

ležim i čekam
čekam da prođe vreme a kada ga više ne bude bilo
bosonoge gorske vile igraće na proplanku
samo za mene
kada se probudim postaću profesionalni turista
već imam neki novac i vezu kod Boga
ali on je sa dva kartonska kofera
upravo otputovao na partiju pokera
na tamnu stranu Meseca gde ga čekaju Elvis i Če

ležim i čekam
pazim da ne propustim zeleno svetlo na semaforu
jer ono se pali samo jedanput
i traje samo sekund
a dotle
sve te bizarne epizode iz života istinskih zvezda
sve te romantične priče o Crvenim Brigadama
priče o fabrici
u kojoj je sin emigranta
prodavao konzerve supe kao umetnost
jedino su što sada posedujem

the luxury ocean liner for the worn out and the rich

I watch as noisy tourists arrive
gape at the crowd and clutch their passports and
money in a panic
at the village tavern
they're offered green cookies
fluffy candy glazed in the sound of war drums
whose trance lasts centuries

I lie and wait
I wait for time to pass and when it's gone
barefoot forest fairies dance in the glade
just for me
when I wake up I'll become a professional tourist
I already have some money and a lead from God
but he's just departed for his poker game
carrying two cardboard suitcases
to the dark side of the moon where Elvis and Che
wait for him

I lie and wait
careful not to miss the green traffic light
because it comes on only once
and lasts only a second
and until then
all those bizarre episodes from the lives of true stars
all those romantic stories of the Red Brigades

bio bio je to još jedan snažan udarac u bradu
tog jutra kad su nam podelili pločice
jedan je povraćao
ali niko se nije smejao
želeo sam pobunu
buku sopstvenih koraka koji odzvanjaju u noći
a sve što sam uradio
bilo je pristajanje uz dokove
na kojima su veliki brodovi već blistali na suncu
a onda dolazi jutro
gmiže po razvalinama snova
Pepeljuge se pretvaraju u službenice
mačo poza postaje upotrebljeni kondom
i pet tona tereta na svakom ramenu
jesu realna težina buđenja

treba izdržati još mnogo do cilja
kad sam polazio tapšali su me po leđima i govorili
IZDRŽI
IZDRŽI
NE SMEŠ DA IZNEVERIŠ
OTADŽBINU
PORODICU
SEBE
I NAS
JER MI TE VOLIMO
JER MI SMO TIPOVALI NA TEBE
JER MI SE UVEK KLADIMO NA POBEDNIKE

stories of the factory
where the son of immigrants
sold soup cans as art
are all I have now

that was another powerful punch on the chin
that morning when they gave us the tags
one of us threw up
but no one laughed
I wanted an uprising
the noise of my own steps echoing in the night
and all I did was
dock at piers
where huge ships already gleamed in the sun
and next, it's morning
crawling along dreams' ruins
Cinderellas turn into clerks
macho posturing becomes a used condom
and five tons of burdens on each shoulder
are the real weight of waking

there's much to endure before the finish line
when I started out they patted me on the back and said
KEEP ON
KEEPING ON
YOU CAN'T BETRAY
YOUR HOMELAND
YOUR FAMILY

ZAPAMTI
UVEK SE TREBA KLADITI NA POBEDNIKE

i setio sam se devojke iz komšiluka
čiji je momak otišao u rat a da se nikome nije javio
i njene majke koja je prepoznala igru sudbine
u talogu ispijene kafe jer i njen muž je otišao
ali ne u rat već mnogo mlađoj ženi
ni on se nije javio
spakovani koferi i ni reč pozdrava

sreća uspavljuje
velika vatra dobra je za umetnike
a pobuna
taj moćni konj u punom galopu
na njega se klade naivni
ubiće ga
snajperista iz gledališta
kad bude baš pred ciljem
i sve će ostati isto
jedino se veš ponekad neće peglati
i prljavi sudovi prenoćiće u sudoperi

šuma ne voli strance i vetar obilazi scenu brzo
dokovi porinuti u more čekaju svoje brodove
koje je nešto zadržalo na pučini
i prva noć
teška lepljiva noć nikako da prođe

YOURSELF
AND US
'CAUSE WE LOVE YOU
AND WE BET ON YOU
'CAUSE WE ALWAYS CHOOSE WINNERS
REMEMBER
ALWAYS CHOOSE WINNERS

and I remembered the girl from the block
whose boyfriend went to war without telling anyone
and her mother who recognized fate's game in
her coffee grounds because her husband left too
not to war but a much younger woman
he didn't say anything either
packed suitcases and no goodbye

joy is soporific
great fire is only any good to artists
and rebellion
that mighty horse in full gallop
only the naïve bet on
will be killed
by a sniper from the audience
just before the finish line
and everything will stay the same
only sometimes the laundry won't get ironed
and dirty dishes will spend the night in the sink

nesanica mi je mačem presekla lobanju na dva dela
ali krvi nije bilo
samo su eksplozije odjekivale u daljini
i drveće je šaptalo tihu molitvu vetru
strašnu molitvu
koju nisam mogao da slušam
samo bombe
bombe
straža na kiši i kamioni u blatu
lišće udara kroz pocepanu ceradu
i gomila turista traži predah
u radnjama s orijentalnim kolačima
orasnice iz mokre najlonske kese
DOBRO DOŠLI U ZEMLJU SNOVA!

moja prošlost živi u sobi s otključanim vratima
sve što imam stalo je u mali ranac
koji nosim na leđima
zajedno s peškirom i priborom za jelo
dok daleke obale zovu
hodam po planinskoj stazi uzbrdo
težak je to napor za moje godine
i moju glavu u kojoj se
okreću slike sveta
pozitivno
samo razmišljaj
pozitivno

the forest dislikes strangers and the wind swiftly
  crosses the stage
docks plunged in the sea await their ships
something held them up out in the open
and the first night
the heavy sticky night just won't pass
insomnia sliced my skull in half with its sword
but there was no blood
just the explosions echoing in the distance
and trees whispering their quiet prayer to the wind
a terrible prayer
I couldn't bear listening to
just bombs
bombs
sentries in the rain and trucks in the mud
the leaves beating through the torn tarpaulin
and the crowd of tourists looking for respite
in oriental patisseries
walnut cakes from a wet plastic bag
WELCOME TO THE LAND OF DREAMS!

my past lives in an unlocked room
all I have fits in the small backpack I carry
right along with the towel and the utensils
while distant coasts beckon
I walk the mountain path uphill
it's a real effort at my age
for my head

putujem
korak po korak
kroz blato i kišu
kroz prošlost i ljude
kroz sumrake i brza svitanja
kada ne pomažu
ni more
ni galebovi
ni trbušni ples
jer nema odgovora ili ih ima previše
možda odsesti u malom motelu pored puta
u Bavarskoj
teška zelena boja kroz prozor i kiša
doručak za drvenim stolovima
karirani stolnjaci
i filter kafa
i usamljenost
usamljenost
sve mi je to nekako poznato
i ne bih pristao na takav život

Morison i Če na brigadirskim jaknama
popravka stare crvene škode
letovanje sa izviđačima
spremanje zimnice
a danas
jedino bombe i tumaranje kroz planinu
moje telo postalo je mašina

revolving with the world's images
positive
just think
positive

I travel
step by step
through the mud and rain
through past and the people
through dusk and quick dawns
when the sea
doesn't help
or the seagulls
or belly dancing
because there are no answers or else too many
maybe I should stay at the roadside motel in Bavaria
a heavy green through the window and the rain
breakfast on wooden tables
checkered tablecloths
and filtered coffee
and loneliness
loneliness
all this looks real familiar somehow
and I wouldn't have agreed to this kind of life

Morrison and Che on the brigade's jackets
car repairs on the old red Škoda
summer holidays with Boy Scouts

oružje i svetionik
moje telo nikada nikome nije značilo ništa
osim meni koji sam ga izgubio
i sada ponovo pronašao

da li me se setiš ponekad, ženo
kladila si se na pogrešnog čoveka
možeš li da zamisliš tu igru smrti
taj grčeviti tango
da zamisliš koliko je dodir jači od straha
kada dođe trenutak rastanka
jer šta je smisao ljubavi
to nešto malo prisnosti
nežno opraštanje pred dugi put
zar nije tako

granice odavno čekaju
da budu pređene zatvorenih očiju
nestaće poput oblaka
između dva obroka
između susreta dva sveta
između dva naleta vetra
usne se ponovo ovlaže i oči zasijaju
kao kad se otvara nova pakla cigareta
a topole
koliko one mogu da izdrže na vetru
a da se ne polome
dugo

making the winter preserves
and today
just bombs and wandering in the mountain
my body's become a machine
weapon and lighthouse
my body never meant anything to anyone
except to me when I lost it
and now found it again

and do you ever remember me, wife
you bet on the wrong man
can you imagine that death game
that fitful tango
imagine how much stronger touch is than fear
when it's time for goodbye
'cause what's the meaning of love
that little bit of closeness
a gentle parting before a long journey
isn't that so

the borders have been waiting since forever
for me to cross them eyes closed
they'll disperse like clouds
between two meals
between the meetings of two worlds
between two gusts of wind
the lips grow moist again and the eyes shine
as at the unwrapping of a new pack of cigarettes

mnogo duže od tebe i mene
i naše ljubavi nežne i lomljive
i zato moraš biti spremna da odeš mirno
u kadu tople vode
u kišnu noć
u zagrljaj drugog muškarca

razuđene obale čekaju
i veliki hor u punom zamahu
to je bilo juče
a danas ću da ti pričam kako miševi postaju
kanibali i cirkuske zvezde za jedno prepodne
švercovanje automobila s lažnim papirima
švercovanje četiri kilograma heroina
Istambul-Hamburg
sa odmorom u Osterajhu
švercovanje osmorice kojima su ukradeni pasoši
granice ne postoje ako želiš dovoljno jako
i zakopčaj to dugme na košulji
popravi opasač
i ne govori u stroju

ali krv je jača
huči telom i glavom
i ne pristaje na tu igru
pobuna
bekstvo
dezerterstvo

and poplars
how long can they stand the wind
before they break
long
much longer than you and me
and our tender fragile love
and that's why you must get ready
to quietly enter a bathtub filled with warm water
on a rainy night
get into another man's arms

the indented coasts await
and a great choir rings out
that was yesterday
and today I'll tell you how mice become
cannibals and circus stars just for an afternoon
smuggling cars with fake papers
smuggling four kilograms of heroin
Istanbul—Hamburg
with a rest stop in Österreich
smuggling eight men whose passports were stolen
borders don't exist if you wish for it hard enough
and button that shirt
fix your belt
and don't talk in the lineup

but blood is stronger
it rumbles through the body and the head

a onda sve se smiruje
i taj klaustrofobični mehur prska
i ostaje samo ravnodušnost
i taj dodir koji nedostaje
i to malo nežnosti na rastanku
da li je to vredno metalne pločice
koju nosim oko vrata
amajlije smrti
vesnika nevolje

čudan je umor kad proleće dođe u planinsko selo
kad žene u crnim maramama na putu do groblja
obaraju poglede i okreću glave
čudno je videti sve to
želeti motocikl i naočare za sunce
želeti ženu na vodenom dušeku
želeti orgazam od stotinu tona
automatska puška i štektavi uzdasi
kroz noć
čitavu jednu sekundu

droge su spore, istorija je brža
lopovi i ubice bolje su prolazili od heroja i moreplovaca
ali sve su to loša sećanja u skloništu od nesanice
tvrdo tlo pod nogama mnogo je mudrije
od mekih postelja i teških mamurluka
u klubu samoubica otkrivam lepljivu lepotu kišnog jutra
topole u daljini i metal uz obraz

and doesn't play into that game
rebellion
escape
defection
and then everything quiets down
and that claustrophobic bubble bursts
and only indifference remains
and that missing touch
and the bit of tenderness at parting
is it worth the metal tag
I carry around my neck
death amulet
messenger of woe

it's a strange fatigue when spring arrives to
the mountain village
when women in black kerchiefs on their way to the
cemetery
look down and turn their heads away
it's strange to see all that
desire a motorcycle and sunglasses
desire a woman on a waterbed
desire a hundred-ton orgasm
machine gun and cackling sighs
through the night
for one whole second

drugs are slow, history's quicker

odstrelići još jedno parče
sopstvenog života
JER MI
zapamtio sam
MI SE UVEK KLADIMO NA POBEDNIKE

i učinilo mi se da smo ipak samo gomila turista
koja se leči od viška novca
gomila ludaka izbačena iz autobusa
dok igramo basket između
dva minska polja
dve uzbune
dva naleta bombardera
jer ovo nije rat već zabava za umorne i bogate
jedino pirotehničari marljivo rade za
naš teško zarađeni novac
treba platiti za taj obred
u kome se ružni
krivonogi
zdepasti
i niski
pretvaraju u poželjne muškarce
jer uniforma daje moć
i puške daju moć
i čizme
i bluze
i kabanice
i kamioni

thieves and killers always fared better than heroes
  and seafarers
but these are all just bad memories in the insomnia shelter
the hard ground underfoot is much wiser
than soft beds and heavy hangovers
at the suicide club I discover the beauty of the rainy
  morning
poplars in the distance and metal against my cheek
I'll shoot off another piece
of my own life
'CAUSE WE
I remembered
ALWAYS CHOOSE WINNERS

and it seemed to me we were just a crowd of tourists
  after all
taking the cure from too much money
a crowd of madmen thrown off the bus
while we play hoops between
two minefields
two alerts
two bomber raids
this is not war but a party for the worn out and rich
only the pyrotechnicians work diligently for
our hard-earned cash
someone must pay for that ritual
where the ugly
the bow-legged

i pravi avioni
dižu adrenalin
i setio sam se starog Hemingveja koji je znao
da su puške muževnije od knjiga
i pomislio na gomile žena
koje su ničice
padale pred njim
ali on je radije birao
rum
lov
ili pisanje

mentol je hladovina u grlu
dobar mart je gladna godina
kamioni stenju kroz planinsko blato
prestaje kiša i ptice počinju da pevaju
pored zatrovanog izvora jeli smo kobasice
na Veliki petak
zidine gluposti
kad ljudi žive
kad ljudi hodaju
kad ljudi ubijaju
a da im ništa nije važno
božja su to deca ili tek par izbačenih žandara
u partiji pokera na tamnoj strani Meseca

dugo smo vežbali taj počasni plotun
a ispod njega su marširali

the squat
and the short
turn into desirable men
because the uniform means power
and the guns mean power
and boots
and shirts
and raincoats
and trucks
and real planes
get the adrenaline going
and I remembered old Hemingway who knew
guns were manlier than books
and I pictured the masses of women
falling to their knees
before him
but he preferred
rum
hunting
or writing

menthol is throat shade
a good March is a lean year
trucks groan through the mountain mud
the rain stops and birds begin to sing
next to the poisoned spring we ate sausages
on Good Friday
the wall of stupidity

trgovci i hohštapleri
i mislili na devojke s teškim grudima
što igraju odbojku u pesku
tog jutra sam se obrijao do glave
nisam jeo danima
izgubio sam radoznalost i dobio anoreksiju
panker i anarhista
nihilista
i ko zna šta još

sirotinje i sitne šume nikada neće nestati
i generala
i njihove nesrećne dece
i njihovih nesrećnih ljubavnica
jedino mi bauljamo kroz šumu i blato
kao gomila razmaženih turista
koji grčevito stežu svoje
pasoše i novac
ali nema lepih žena
za svoj novac želim platinastu plavušu u uniformi
možda u strogom poslovnom kompletu
sa kosom zadenutom iza ušiju
želim a nikako da se probudim

spusti rukave i zakopčaj to dugme na košulji
i ono nečemu služi
mnogo više
od pesama i romana

when people live
when people walk
when people kill
without a care in the world
they're god's children, or just a pair of jacks laid out
in a game of poker on the dark side of the moon

we practiced that gun salute for a long time
while salesmen and swindlers
marched underneath
and thought of girls with heavy breasts
playing volleyball in the sand
that morning I shaved my head
I hadn't eaten for days
I lost all my curiosity and became anorexic
a punk and anarchist
nihilist
and who knows what else

the poor will always be around, and young forests
and generals
and their unlucky children
and their unlucky mistresses
we're the only ones stumbling through the woods and
 the mud
like a bunch of spoiled tourists
holding on for dear life to their
passports and money

fantazija za nedozrele
jer ovo je rat
i mi smo stvarni
i točkovi kamiona u blatu su stvarni
i orasnice iz najlonske kese su stvarne
i fatalne žene koje izazivaju slabost u kolenima
i one su stvarne
jednom sam sreo takvu
i nisam je pustio da ode drugom
bio sam lovac
danas sam vojnik
sutra ću biti kralj
ili možda samo broj
nevažna cifra u konačnom zbiru žrtava

i sve što sam shvatio jeste da nikada do kraja
neću upoznati sebe
ni tebe
ni svet
zabava je ono što traje
smeh iz bioskopske sale
jači od pune šake antidepresiva
i koliko topole mogu da izdrže na vetru
a da se ne polome
i koliko mi još možemo da izdržimo u šumi
a da ne poludimo
i zašto je opsesivnost snaga umetnika
i njegova najveća slabost
zašto

only the beautiful women are missing
for my money I want a platinum blonde in a uniform
or maybe a prim business two-piece
hair behind her ears
I want but I can't wake up

unroll your sleeves and button up your shirt
that button has a purpose
much larger
than poems and novels
fantasies for the immature
because this is war
and we're real
and the truck wheels in the mud are real
and walnut cookies in the plastic bag are real
and femmes fatales that make you weak in the knees
they're real too
I met one of them once
and I didn't let her go to another
I was a hunter
today I'm a soldier
tomorrow I'll be king
or maybe just a number
irrelevant cipher in the final body count

and all I got from this is that I'll never
really know myself
or you
or the world

treniranje tela
treniranje volje
putovanje u središte teskobe
postoji milion puteva za izlazak iz slepe ulice
a tek jedan kada se nađeš pred zidom
i tu je iskrenost jedino što preostaje
i zato
diši u mene
diši u mene
još nam je samo to preostalo
pre nego što postanemo paprat i magla

povuci me za jezik, bejbi
pretvoriću se u pitomu životinju
podari mi zlatnik
možda bolje žeton za ulazak u tvoj hram
koji će tešku jutarnju maglu pretvoriti
u karneval ljubavi
ali gde stanuje ta ljubav
gde je otišla sada kad nam je najviše potrebna
njena haljina ostala je da visi na žici za sušenje veša
baš u našem dvorištu
možda se preudala
ili je kidnapovana
zaključana
tučena
silovana
možda je otišla

fun is the only thing that lasts
the laughter from the movie theater
stronger than a handful of antidepressants
and how long can poplars stand in the wind
without breaking
and for how long can we stand the forest
without going mad
and why is obsession the artist's strength
and his greatest weakness
why

training the body
training the will
traveling to the center of unease
there are a million ways out of a dead end
and only one when you're up against the wall
and here only honesty remains
and so
breathe into me
breathe into me
that's all we have left
before we turn to fern and mist

pull my tongue, baby
I'll become a tamed animal
give me a gold coin
or better, a token to enter your temple
that will turn the heavy morning fog

na tamnu stranu Meseca da bude služavka
trojici koji sede za stolom i igraju karte
dugonoga pin-ap lepotica
koja im donosi piće
i prazni pepeljare

fotografije koje smo pronašli u napuštenoj kući
mora da su koštale čitavo bogatstvo
paklu cigareta možda i više
Legija stranaca
Gabon, Gana, Senegal
i sitne crne žene probušenih noseva
slamnatih suknji i uskih karlica
a posle
povlačenje kroz užarenu prašinu
koja se lepi za usne
i uvlači u nos
i kožu
a posle
Plejboj kalendar 1979.
dugonoge raskalašne gerle na šampanjcu i kokainu
bahanalije u privatnoj vili s bazenom i poslugom
i čoporom mužjaka sa veštačkim zaliscima

rimski carevi bili su pankeri i anarhisti
palili su gradove
i konje proglašavali senatorima
ekstremi se pamte i bolje prodaju

into a carnival of love
but where does this love live
where has it gone now when we need it most
its dress still hangs on the clothesline
in our yard
maybe it got remarried
or kidnapped
locked up
beaten up
raped
maybe it's gone
to the dark side of the moon to be a housemaid
to the trio playing cards at the table
a long-legged pinup
who brings them drinks
and empties ashtrays

the photos we found in the abandoned house
must've cost a fortune
a pack of cigarettes, maybe more
the Foreign Legion
Gabon, Ghana, Senegal
and small black women with nose piercings
hay skirts and narrow pelvises
and later
the retreat through burning dust
that sticks to your lips
and infests your nose

evo, trgovci već izdaju tapije
ograđuju parcele na Mesecu
i ta šuštava fontana od zelenih novčanica
začas će oživeti
obamrlo telo i posustale želje
uvelu žudnju i istrošenu maštu
i ne reci da je cena previsoka
dodirni nebo
a ne vlažnu zemlju vojničkom čizmom
to je mnogo bolje, zar ne

treba ukinuti
ljubav
bol
možda čak i smrt
uvesti čoveka u duboko hibernaciju
jer Voltu Dizniju takođe treba društvo
usamljen je u ledenom bespuću besmrtnosti
emocije više nikom nisu potrebne
one su suvišan prtljag na putovanju
tamnom magistralom sudbine
pritisak na dugme
nebo od plastike
i duga, duga vožnja kroz narkotizovanu noć

u napuštenoj kući
hiljade duhova razvejava snove
veliki slavski sto iscrtan mističnim simbolima

and skin
and later
the 1979 *Playboy* calendar
long-legged loose ladies on coke and champagne
bacchanals in a private villa with a pool and staff
and a herd of males with fake sideburns

Roman emperors were punks and anarchists
they burned cities
and made their horses senators
the extremes are memorable and a better sell
here, salesmen are already issuing deeds
fencing off property on the moon
and that murmuring fountain of green bills will
bring the listless body and faltering desires
back to life in a blink
the wilted lust and the used-up imagination
and don't say the price is too high
touch the sky
instead of the wet ground with your army boot
it's much better that way, isn't it

they should ban
love
pain
maybe even death
lead man into deep hibernation
because Walt Disney needs company too

i tišina kao plastično jaje za Uskrs
i fotografije iz Legije stranaca
i kofer pun singl ploča
i monografija o Elvisu
i posteri Čea
i neuspelo ulje na kartonu, kopija ranog
ekspresionizma
i primerak časopisa Plejboj, septembar 1966.
intervju: Timoti Liri
i privezak od krokodilske šape
i razglednice iz Afrike
i fotografije urođenika
i kako se zvao čovek koji je živeo u toj kući
opsenar ili avanturista
i šta to znači
sve napustiti
možda ponovo u Legiju
ili pod zemlju

i ko je čuo za Keruakovu blistavu rečenicu
ili to da je neko igrao ruski rulet s bombarderima
spavajući na sanducima s municijom
ili da se neko igrao magijom
napuštene kuće
kad je vojničku spavaonicu
smestio u sobu sa Plejboj kalendarom
i ko bi pomislio da se anatomija ženskog tela
s vremenom menja

he's lonely in immortality's icy neverland
no one needs emotions anymore
they're excess baggage
on the trip down the dark highway
the push of a button
a sky made of plastic
and a long, long drive through the drugged-out night
in the abandoned house
a thousand ghosts fan out dreams
a great Slavic table covered in mystic symbols
and the silence like a plastic Easter egg
and photos from the Foreign Legion
and a suitcase full of vinyl singles
and a monograph on Elvis
and a poster of Che
and a failed oil on cardboard, an imitation of early
 Expressionism
and a copy of *Playboy*, September 1966
interview: Timothy Leary
and a crocodile paw pendant
and postcards from Africa
and photos of natives
and what was the name of the man who lived in that house
dreamer or adventurer
and what does it mean
to abandon everything
maybe go to the Legion again
or under the ground

i da bajonet stvara iluziju
da si milimetar bliži hrabrosti
a kilometar dalje od depresije

i ta komora
mala memljiva soba bez ijednog prozora
bila je utočište za nas četvoricu
četiri palme zasađene
na pogrešnom mestu
i nema spavanja do jutra
jer predmeti noću šetaju
i oči svetle u mraku iako su kapci stisnuti do suza
i podzemne vode teku iznad kreveta
i zmije ulaze u kuće
i zavlače se pod jastuke
jer i njima je, kao i nama, potrebno sklonište
jer i njima su, kao i nama, potrebni ljubav i toplina

tako je mnogo reči a tako malo mržnje
i ostaje samo taj užasni strah
koji poput pobesnelog mora
nadire na zidine stare kule
a onda se smiri
i ravnodušnost postane glatka poput zaleđenog jezera
i svaki dim iz cigarete
postane smisao koji nedostaje
ali o njemu se ne razmišlja
desi i traje

and who ever heard of Kerouac's glowing sentence
or that someone played Russian roulette with
  the bombers
sleeping on ammunition trunks
or that someone played with the magic
of the abandoned house
when he placed army cots
in the room with the *Playboy* calendar
and who knew that the anatomy of the female body
changes with time
and that the bayonet creates the illusion
that you're one millimeter closer to courage
and a kilometer further from depression

and that chamber
the small moldy room without windows
was a haven for the four of us
four palms planted
in the wrong spot
and there's no sleep
because the objects walk at night
and eyes glow in the dark though the lids are tear-tight
and underground streams flow above the bed
and snakes enter the house
and crawl in under the pillow
because they, just like us, need shelter
because they, just like us, need love and warmth

na suncu
na stazi
na proplanku
u predahu
između dva treptaja oka
između dva obroka
između dva naleta vetra
a dotle
pitaj me čime se bavim
postao sam doktor
saopštavam loše vesti ljudima i imam previše posla

dostojanstvo je tek reč
koja ne znači ništa osim prkosa
trgovcima patriotizmom
oružjem
i deonicama
i koliko košta ova predstava
s ovoliko izbezumljenih statista
sitan je to novac
suvi obrok i uniforma
parče drveta i parče gvožđa u rukama
kada se razmišlja o vetru i pepelu
a nikada o otadžbini koja
prodaje i kupuje
šutira i vređa

obraz prislonjen na zemlju je stvaran

so many words, so little hate
and only that terrible fear remains
that like a raging sea
batters against the walls of the old tower
then quiets down
and indifference grows as smooth as a frozen lake
and each drag on a cigarette
becomes the meaning that's missing
but is never considered
it just happens and it lasts
in the sun
on the path
in the glade
in the respite
between two meals
between two eye-blinks
between two gusts of wind
and until then
ask me what I do
I've become a doctor
I deliver bad news and I'm way too busy

dignity is only a word
that means no more than defiance
against the salesmen of patriotism
arms
and stocks
and how much does this play cost

i moćne mašine iznad glava i one su stvarne
i vlažna jutra u šumi kad pluća ne slušaju
od napora i nespavanja
i oni su stvarni
i kome je potreban moj život osim otadžbini
koja ne zna šta bi s njim
možda bi on mogao da bude broj
u konačnom zbiru žrtava
još jedna metalna pločica na crnoj kesi

i kako se zove zemlja u kojoj je smrt
jedina konvertibilna valuta
vaučer za put u jednom pravcu
da li je to priča i mog pradede
koji se 1914. vratio iz Amerike
da brani zemlju
tumarao
albanskim gudurama
i sa amputiranom nogom završio na salašu
i kakve su to žene bile koje su čekale te ljude
i ćutke im rađale decu
da li je i njih neko nešto pitao

ipak
ne verujem u priče o herojstvu i žrtvovanju
možda je vreme pogrešno
ali svako vreme je pogrešno ako si slab
i sva ta prošlost koja promiče pred očima
nalik je filmu koji se odmotava

with this many bewildered extras
it's small change
a dry meal and a uniform
a piece of wood and a piece of metal in hand
when one thinks about wind and ash
and never about the homeland that
buys and sells
kicks and insults

the cheek pressed against the ground is real
and the mighty machines overhead, they're real too
and damp mornings in the forest when lungs give out
from the effort and no sleep
they're real too
and who needs my life but my homeland
that doesn't know what to do with it
it could be a number
in the final body count
another metal tag on a black bag

and what's the name of the country where death is
the only convertible currency
a one-way voucher
is that my great-grandfather's story too
he returned from America in 1914
to defend the country
he roamed
Albanian ravines
and ended up a leg amputee in the grange

i nekako mi se čini da još ima
do kraja
i ta lakoća koju osećam
zar i ona nije samo san

brujanje šina kroz pustu zemlju
jednolični pejzaži
i sav ta nemoć
nagomilanih godina
ne trpe oproštaj
treba biti spreman za dugi marš kroz
kišu i blato
ulice i barikade
kroz naprsle snove u tek probuđenom jutru
i ako je za utehu
spreman sam
sve da zaboravim
i budem sam
i budem svoj
i budem tvoj

zauvek tvoj

hipnotizer i prodavac zvezdane prašine

and what kind of women waited for those men
and birthed children in silence
did anyone ever ask them a thing

still
I don't believe in tales of heroism and sacrifice
maybe the time is wrong
but every time is wrong if you're weak
and all that past which passes before your eyes
is like a reel unspooling
and somehow it seems to me
there's still time left before the end
and that lightness I feel
isn't it also a dream

the hum of tracks through the wasteland
monotonous landscapes
and all the despair
of the piled-up years
don't stand for forgiveness
one has to be ready for a long march through
the rain and the mud
streets and barricades
through fractured dreams in a just-awoken morning
and if it's for solace
I'm ready
to forget everything
and be alone

and be my own
and be yours

forever your

hypnotist and stardust salesman

III.
IT WAS EASY TO SET THE SNOW ON FIRE

Dream No. 33

tvoja ćerka zvaće se Saloma
imaće crne oči
neutešne kao glad
venčanicu od gušterove kože
pramen kose tvog ljubavnika
biće vidovita
izabraće smrt u avionu
na liniji
Oslo–Kandahar
tvoj sin zvaće se Sebastijan
biće zaljubljen u svoju sestru
pronaći će čarobni breg
kolevku i kaleidoskop
tajni Salomin dnevnik
štampaće kao
novu Bibliju
guraće te u kolicima
u zlatni sumrak
sanatorijuma
crnu svilu nećeš skidati
do kraja života
i vetar biće
tvoje
jedino društvo
jedina uteha

Dream No. 33

your daughter's name will be Salome
she'll have dark eyes
disconsolate like hunger
a lizard-skin wedding dress
and a lock of your lover's hair
she'll be psychic
she'll choose death on a plane
from Oslo to Kandahar
your son will be called Sebastian
in love with his sister
he'll discover the magic mountain
the cradle and the kaleidoscope
Salome's secret diary
he will print as
the new Bible
he'll push your wheelchair
into the golden twilight
of the sanatorium
you won't take the black silks off
until the end of your life
and the wind will be
your
sole companion
sole comfort

Igrajući samo na jednu kartu

automobil se zaustavlja nasred platna
izlazi gospodin u crnom, nosi šešir

steže uplašenu devojku za mišicu
ucenjuje je da bi se udala za njega

očajna, ona skače sa zgrade i sve novine
objavljuju tu vest na naslovnim stranama

(mašinerija smrti uvek ide
ruku pod ruku s mašinerijom velikih tiraža)

Bogart se javlja na telefon i prihvata slučaj
počinje potera uz mnogo potezanja pištolja

loš momak beži, ali na kraju gine
i pravda ipak pobeđuje

(mašinerija pobede nad zlom uvek ide
ruku pod ruku s krvavim raspletom)

devojka je i dalje mrtva
napolju kiša i dalje pada

Going All In

the car stops in the middle of the screen
a gent in black gets out, he's wearing a hat

and squeezing the frightened girl's arm
he's blackmailing her so she'll marry him

desperate, she leaps from the building and
ends up on the covers of all the papers

(the machinery of death always goes hand in hand
with the machinery of huge print runs)

Bogart answers the phone, he takes the case
the chase begins with lots of gunplay

the bad guy escapes, but dies in the end
and justice triumphs after all

(the machinery of triumph over evil always goes
hand in hand with a bloody showdown)

the girl is still dead
outside it's still raining

Lulu

u predgrađu nostalgije
jedini posetilac
u muzeju filma
čeka da se
susretne s Lulu u mraku
ali, uzalud
otišla je da kupi čokoladu
šibice i svileni grudnjak
i još se nije vratila

bila je u dženetu
sa šejtanom na gajtanu
hodala je u koloni
na koju je gomila bacala cveće
umesto marame nosila je
đavolov rep oko vrata
i njena crna kosa
gorela je u kiši od benzina

postala je opsena
možda samo san
plaćena eutanazija
za mladića iz betonske zgrade
rođendanski poklon Lucifera
iz plišane lože
u muzeju filma

Lulu

in nostalgia's suburbs
the only visitor
in the museum of film
waits to meet
Lulu in the dark
but in vain
she went to buy some chocolate
matches and a silk bra
and she's not back yet

she was in inferno
with diablo in a bridle
she walked in the procession
showered in flowers by the crowd
instead of a scarf she wore
the devil's tail around her neck
and her black hair
burned in the diesel rain

she became an illusion
perhaps only a dream
paid euthanasia
for the youth from the cement building
a birthday gift from Lucifer
from the velvet theater box
in the museum of film

na prvi dan proleća
biću na mostu
poneću bič
Lulu

on the first day of spring
I'll be on the bridge
I'll bring my whip
Lulu

Zlatne godine

i opet ćemo žaliti
za zlatnim godinama
provedenim u čežnji
za ogromnim hipermarketima
i aparatima koji rade na dodir
sanjajući Zapad
i malene pomorandže
koje cvetaju u prozoru
postajemo sve stariji i srećniji

odvešću te odavde
ovo je suviše tužan svet
da bi ga ozbiljno posmatrala
treba ti ljubav
droga koja te jedino diže
ja sam marijači
sa samo jednom žicom na gitari
zadaviću te njom
pored jezera boje tvojih očiju

sa jezera preneću te u kadu
iz kade preneću te u krevet
iz kreveta preneću te na nebo
ako ne želiš da se vratiš
biću tvoja sudbina
možeš me zadržati
za odjavnu špicu tvog života

Golden Years

and again we'll long
for the golden years
spent pining
after huge superstores
and touch-activated appliances
dreaming of the West
and the small tangerines
blooming in the window
we're growing older and happier

I'll take you away from here
this world is too sad
for you to take it seriously
you need love
your only high
I'm a mariachi
with a single string on my guitar
I'll strangle you with it
by the lake the color of your eyes

from the lake I'll carry you to the bathtub
from the tub I'll carry you to bed
from bed I'll carry you to heaven
if you don't want to come back
I'll be your destiny
you can save me
for your life's closing credits

Božanski buketi

bili smo
upravo venčani i upravo pijani
zaneseni mladošću
obuzeti strašću
a sada
samo pokušavam
da se ponovo zaljubim u tebe

prati me
ako ti treba društvo
napraviću kolač
od prekrštenog žita i cimeta
u njemu će spavati naša deca
i deca njihove dece

sinoć sam sanjao
da sam stajao na raskrsnici
nadirala je oluja
slova su ispadala iz knjige
koju sam držao u rukama
bio je to loš znak
o kome sam dugo razmišljao

nešto se dogodilo s nama
i našim osećanjima
sedimo

Heavenly Bouquets

we were
just married and just drunk
carried away by youth
gripped by passion
and now
I'm just trying
to fall in love with you again

follow me
if you need company
I'll make a cake
with ground wheat and cinnamon
for all our children to sleep in
and their children's children

last night I dreamed
I was at a crossroads
standing in the rising storm
letters fell out of the book
I held in my hands
it was a bad omen
I dwelled on again and again

something happened to us
and our feelings
we sit

i gledamo u krovove i brda
čini se da imamo
još toliko toga pred sobom

sećanja će postati dovoljna
tek kad prošlost
nadvlada budućnost

and look at the roofs and hills
we seem to have
so much ahead of us

memories suffice
only when the past
overcomes the future

Šezdeset mostova

proleće je
i ljubav je opet veća od života
ne radim ništa
jer premalo je vremena
za ozbiljne stvari

postao sam pauk
iz kreveta posmatram
svet koji prolazi
ne radeći ništa
čekajuci dvojnika
sa znakom na čelu

a ti
zar ćeš i ti voleti
moju bespomoćnost
sledeći put
moraćeš da moliš
ako želiš da uđeš u moju sobu

postao sam
Bondova nova devojka
koja još jednom spasava svet
od usamljenosti

Sixty Bridges

it's spring
and again love is larger than life
I do nothing
'cause time's too short
for serious matters

I've become a spider
observing from my bed
the world going by
doing nothing
waiting for my double
with a mark on his forehead

and you
will you also love
my helplessness
next time
you'll have to beg
if you want to come into my room

I became
Bond's new girl
who once again saves the world
from loneliness

Triptih o usamljenim devojkama

*

izlazi u hodnik u svilenom ogrtaču
dok držim njenog sina za ruku
kaže samo
hvala što si pričuvao malog
kupala sam se i nisam čula zvono
i nikad me ne poziva da uđem
na kafu ili možda čaj

popodne i uveče
njeni mnogobrojni rođaci
greškom zvone na moja vrata
ona tu stanuje, kažem
ali zvonite malo duže
sugurno suši kosu
baš danas sam joj pozajmio fen

često slušam kako njen krevet
udara u tanki zid na koji je
naslonjena moja fotelja
možda premešta nameštaj
nervozna je
dok čeka muža
da se vrati iz Nemačke
i odvede je iz ove truleži

The Lonely Girls Triptych

*

she comes out into the hallway in a silk robe
while I hold her son's hand
she says just
thanks for looking after my kid
I was taking a bath and I didn't hear the bell ring
and she never invites me in
for coffee or maybe tea

in the afternoons and evenings
her many cousins
ring my doorbell by mistake
she lives there, I say
just ring a little longer
she's probably drying her hair
I just lent her my dryer today

I often hear her bed
bang against the thin wall that
separates it from my armchair
maybe she's moving the furniture
she's nervous
while she waits for her husband
to return from Germany
and take her away from all this rot

da li ti je potrebna neka pomoć
pitam kad je sretnem
ali ona samo odmahne rukom
evo, juče je baš stiglo pismo
njen čovek se uskoro vraća
doneće puno para i sve će
ponovo biti u redu

ponekad uveče izađe
plavu kosu prilepi uz lice
crvenim karminom
prekrije blede usne
ako me neko traži
idem do mame da uzmem malog, kaže
njene visoke potpetice
lupkaju stepeništem dok silazi

na terasi do moje suše se
njene čarape, grudnjak i gaćice
frotirski peškiri
s nežnoplavim ružama
kad otvori vrata
iz njenog stana dopire muzika
i slatkast miris parfema

gleda me svojim modroplavim očima
dok držim njenog sina za ruku
kaže samo

do you need some help?
I ask when I run into her
but she just waves her arm
here, only yesterday the letter arrived
her man will be back soon
he'll bring lots of money and
everything will be alright again

sometimes in the evening she goes out
smooths blond hair against her face
puts red lipstick
on pale lips
if someone's looking for me
I'm going over to mom's to get the kid, she says
her high heels
tap down the stairs as she descends

her socks, bra, and panties
dry on the terrace next to mine
terry towels
with baby blue roses
when she opens the door
music pours out of her flat
and the sweet scent of perfume

she looks at me with her bright blue eyes
while I hold her son's hand
she says just

hvala što si pričuvao malog
odlazim do prozora
posmatram dvojicu njenih rođaka
kako ulaze u mercedes
šofer ih čeka
žure

* *

ništa se zapravo ne događa
čokoladne bombone
još jedan kišni dan
mama je našla
novog ljubavnika
tata je otišao na posao
i nije se vratio
njegovi debeli prsti
među mojim nogama
sve sam zaboravila

ništa se zapravo ne događa
zavese teku niz prozore
slavina kaplje u lavabo
taksi me čeka
opet je vreme
za promenu imena
Lidija, Maja ili Tamara
svejedno

thanks for looking after my kid
I walk to the window
watch her two cousins
get into their Mercedes
their chauffeur's waiting
they're in a hurry

* *

nothing's really happening
chocolate candy
another rainy day
mommy found
a new lover
dad went to work
and never came back
his fat fingers
between my legs
I've forgotten everything

nothing's really happening
curtains flow down the windows
the tap drips into the sink
a cab waits for me
once more, it's time
to change my name
Lidia, Maya or Tamara
it doesn't matter

volim svaku od njih
to je samo sloboda
koju dozvoljavam sebi

ništa se zapravo ne događa
komšija pati od nesanice
sedi ispred ulaza
srela sam ga jutros
kad sam se vraćala
zurio je u mene
dok sam izlazila iz taksija
htela sam da mu kažem: dođi,
ali setila sam se
njegovih malih ćerki
koje mi se uvek jave
kad kupujem slatkiše
u dragstoru iza zgrade

* * *

živimo u jednosobnom stanu
mama, tata, sestra i ja
noću kad se vraćam
pazim da ne probudim tatu
da ne nagazim mamu
sestra nosi moje stvari
kažem joj
uči

I love them all
that's just a liberty
I permit myself

nothing's really happening
the neighbor's an insomniac
and sits by the front entrance
I ran into him this morning
on my way back
he watched me
get out of the cab
I wanted to tell him: come over,
but then I remembered
his little daughters
who always say hi
when I'm buying candy
at the drugstore behind the building

* * *

we live in a studio apartment
mom, dad, sister, and me
at night when I come in
I'm careful not to wake dad up
or step on mom
my sister wears my clothes
I tell her:
study

uči
i beži odavde
ja ću već da se snađem
idem u teretanu
kod maserke
kozmetičarke
komšinica mi čupa obrve
sređuje noge
depilacija
manikir
pedikir
moram da izgledam dobro
moram da dobijam
desetke na fakultetu
prosek je važan
gužva je u stanu
učim kod drugarice
njen momak ima dragstor
moj drži trafiku
nije to loš posao
ali nije dovoljno
nesigurna su vremena
juče me jedan fudbaler
dovezao do kuće
dala sam mu broj telefona
sutradan je zvao
poslao mi cveće
ovaj moj je ljubomoran

study
and get out of here
I'll figure something out
I go to the gym
get a massage
and a facial
the neighbor lady does my eyebrows
and legs
wax
manicure
pedicure
I have to look good
I have to get
all As at the university
the GPA's important
the studio's crowded
I study at my friend's place
her boyfriend owns a drugstore
mine a newsstand
it's not a bad gig
but it's not enough
times are uncertain
yesterday a football player
drove me home
I gave him my number
the next day he calls
sends me flowers
my guy's jealous

radi noću
takav je posao
nema svoj stan
živi s majkom koja stalno gunđa
a fudbaler nije loš
traže ga iz inostranstva
možda ode sledeće sezone
a ovaj moj
stalno me prati
juče je upao kod kozmetičarke
proveravao gde sam bila
rešila sam da ga ostavim
ipak
nije loš onaj fudbaler
ima dobra kola
s kožnim sedištima
koja se obaraju
još je mlad
biće nešto od njega

he works nights
that's his job
he doesn't have his own place
his mother grumbles all the time
and the football player's not bad
they're scouting him from abroad
he might leave next season
in the meantime, my guy
keeps following me around
yesterday he turned up at the beauty parlor
to check up on me
I've decided to leave him
after all
that football player's not bad at all
he has a good car
with leather seats
that recline
he's still young
he'll amount to something

Svakodnevna pustinja

izvesnost je kraj čarolije
kao kraj igre
kao bela panika
kao rasprskavanje vremena
ne podnosim prljavu posteljinu
bio bih dobar pitomac u SS logoru
anarhist i emigrant
ubica ljubavi

na polici sam zaboravio tigrove šape
znojnicu i košarkašku loptu
vratio se da pobedim
i postao
pirueta od vrelih stihova
drvo koje rađa zimi

bio sam
sufi-derviš u mističnom transu
tamni skener svakodnevnih navika
a sada čekam onu
koja dolazi sporo
ali ipak dolazi
korak po korak
stih po stih

proizvodim previše svetova

Everyday Desert

certainty is the end of magic
like the end of a game
like white panic
like time bursting open
I can't stand dirty sheets
I'd make a good cadet at an SS camp
an anarchist and emigrant
assassin of love

I forgot the tiger paws on the shelf
sweatband and the basketball
I came back to win
and became
a pirouette of hot verse
the tree that bears fruit in winter

I was
a Sufi dervish in a mystic trance
the dark scanner of everyday habits
and now I wait for the one
who comes slowly
but does come
step by step
line by line

I fabricate too many worlds

vojnika i dvojnika
proizvodim
previše samoće
umoran od dolazaka
umoran od odlazaka
umoran od pobeda
umoran od tuge

koja nadire u talasima

soldiers and doubles
I fabricate
too much solitude
tired from arrivals
tired from departures
tired from victories
tired from the sadness

that swells in waves

Teskoba

letovanje
jednolični dani
na terasi

ponovo čitam
istu knjigu
horizont svetluca

dok se dim
iz cigarete
lenjo uspinje ka nebu

na susednoj terasi
stolice od bambusa
danima prazne

liče na foto-modele
koji čekaju
naslovnu stranu

odnekud se čuje muzika
neko svira klavir
u brdu

moja deca izlaze pred kuću
odlučila su
da postanu

Unease

summer vacation
monotone days
on the terrace

again I'm reading
the same book
horizon glistens

while smoke
from my cigarette
climbs lazily into the sky

on the neighboring terrace
bamboo chairs
empty for days

look like fashion models
waiting for
their cover shoot

music drifts in from somewhere
someone's playing the piano
in the hills

my kids come out of the house
they've decided
to become

prodavci školjki
pada veče
i zvezde se tiho

približavaju
svetla s brodova
obasjavaju noć

* * *

zauzdani
konji žege
propinju se do neba

još jedan gutljaj vode
da se preživi teskoba
danima ležim

u tuđem stanu
skriven od vojne policije
krv šiklja

i promašuje lice
kroz zamućena stakla
iskrsava detinjstvo

mama, tata, sestra i ja
vraćamo se iz škole
s mojom

seashell merchants
evening falls and
stars quietly

draw near
the ship beams
light up the night

* * *

bridled
horses of thirst
rear up to the sky

another sip of water
to survive the unease
for days I'm lying down

in someone else's apartment
hidden from the MPs
blood spurts

just missing the face
through the dimmed windows
childhood emerges

mom, dad, my sister, and I
walk back from school
with my

đačkom knjižicom
osećam se kao svetac
dok me otac drži za ruku

neko ponovo svira
klavir na brdu
i palme počinju da se bude

u daljini
poput vatrenog mladeža
na glatkoj koži noći

svetionik
pokazuje
smisao umetnosti

* * *

voz i sparina
otac me vodi
kod babe i dede na selo

da provedem raspust
u vagon restoranu
prebacio je ruku

preko mog ramena
i pitao:
da li bi voleo da ti ova teta

school report
I feel like a saint
while father holds my hand

again someone's playing
piano on the hill
and palm trees awaken

in the distance
like a fiery birthmark
on night's smooth skin

the lighthouse
reveals
the meaning of art

* * *

the train and the heat
father's taking me
to grandma and grandpa's in the country

to spend my vacation
in the dining car
he threw his arm

over my shoulder
and asked:
would you like this lady

od sada bude mama
i glavom pokazao
na nepoznatu ženu

s kojom je razgovarao
snažno sam se pribio
uza njega

imao je tada
trideset i dve godine
bio je crn, visok

i lepo građen
na godišnjicu njegove smrti
zapalio sam sveću

u crkvici nadomak obale
u dvorištu ispred
moja deca

su se igrala
bezazleno skačući
ona ga nikada nisu videla

* * *

jara pritiska
vreme stoji
u stubu svetlosti

to be your mommy from now on
and nodded his head
at the strange woman

he was talking to
I pressed fiercely
against him

he was thirty-two then
dark
tall

and well built
on the anniversary of his death
I lit a candle

in the chapel by the shore
in the yard out front
my kids

played
hopping harmlessly
they'd never seen him

* * *

the heat presses down
time stands
in a pillar of light

na stolu leži
knjiga
iskopana iz detinjstva

imao sam petnaest godina
kad sam svom ocu
postao otac

ili sam bar tako mislio
posmatram kako se
moja deca igraju

trudim se da naučim
nešto od njih
spasila su me mobilizacije

kamionom su otišli
neki drugi ljudi
prodavci školjki se vraćaju

sa zaradom koju stežu
u majušnim šakama
iza njih

na podu kupatila
ostaju vijugavi tragovi peska
napolju mesec

on the table
a book
unearthed from childhood

I was fifteen
when I became a father
to my father

or so I thought
I watch
my kids play

I'm trying to learn
something from them
they saved me from the draft

some other men
went off on the truck
the seashell merchants return

with their spoils clasped
in their fists
behind them

on the bathroom floor
tracks of sand curve
outside, the moon

rasteruje galebove
oblak na nebu
liči na šoljicu kafe

* * *

sunce stoji visoko
more diše
kao uspavana mačka

na pučini
crne tačkice
pomeraju se sporo

knjiga me vraća
u detinjstvo
odvode me u bolnicu

i ostavljaju sestri
s belom
uštirkanom kapom

ležim pod temperaturom
gumeni točkovi kolica
škripe po linoleumu

dugačkog hodnika
otvaram oči
crvena lampica

shoos away seagulls
the cloud in the sky
looks like a teacup

* * *

the sun's up high
sea breathes
like a sleeping cat

out in the offing
black dots
move slowly

this book takes me back
to childhood
they're taking me to the hospital

and leaving me with the nurse
in a white
starched cap

I lie flat with fever
rubber cart wheels
squeal on the linoleum

of the long hallway
I open my eyes
a red lamp

svetli iznad uzglavlja
ista knjiga
leži na stočiću

brodovi znaju
kako se putuje
svetionik u daljini

pokušava da probuši
balon mraka
koji nas je progutao

* * *

dani se jedva miču
na plaži
razbacane dnevne novine

otmice aviona
istrebljenje kitova
automatske puške

u rukama
maloletnih vojnika
siguran iza tamnog stakla

iza velikih brisača
putujem
znam da ću završiti

shines overhead
the same book
on my bedside table

ships know
how to travel
the lighthouse in the distance

tries to burst
the bubble of murk
that swallowed us

* * *

days pass by slowly
on the beach
discarded dailies

plane snatchings
whale extinction
automatic rifles

in the hands of
underage soldiers
safe behind dark glass

behind the great wipers
I travel
I know I'll end up

u bolničkom krevetu
sestra s belom
uštirkanom kapom

doneće terapiju
ugasiće lampu
i bešumno otići niz hodnik

kablovi će svetlucati
na mesečini
ravnomerno brujanje

aparata ličiće
na disanje
uspavane mačke

negde daleko
svetla s brodova
obasjavaće noć

in a hospital bed
the nurse in a white
starched cap

will bring my meds
turn off the lamp
and quietly vanish down the hall

cables will gleam
in the moonlight
an even hum

of the equipment will seem
like the breathing
of a sleeping cat

and far away
ship beams will
light up the night

Nož u vodi

tražio sam tvoje ruke
na mladoj ljubičastoj mesečini
tvoje reči
kroz jutarnju izmaglicu
Vudstoka i Altamonta

a sve što sam našao
bili su gipsani zidovi MTV industrije
Džekson i Madona u ekstazi
u javnoj kući
za prolaznike i poreznike

tražio sam tvoj pokrov
na reklami
za Dureks i Duboko grlo
tvoj pehar
u raspuklom srcu generala Stramera

a sve što sam našao
bili su kartonski gradovi Holivuda
Švarceneger i Vilis u formalinu
i ponovo ćeš ti morati
da spasavaš svet

iz daljine je dopirao
lavež anđela

A Knife in Water

I looked for your hands
in the young purple moonlight
your words
through morning mists of
Woodstock and Altamont

and all I found
were the plaster walls of MTV industry
Jackson and Madonna in ecstasy
in the bordello
for bystanders and taxmen

I looked for your shroud
in the Durex and *Deep Throat*
commercial
for your chalice
in the broken heart of General Strummer

and all I found
were Hollywood's cardboard cities
Schwarzenegger and Willis in formaldehyde
and again you'll have to
save the world

in the distance I could hear
the bark of angels

i
sečivo
je svetlucalo u vodi malaksalo

imao sam
visoku temperaturu
groznicu i bunilo
samo tebe
u svojim mislima

and
the blade
shone limply in the water

I ran
a high fever
the delirium and frenzy
and only you
on my mind

Psihodelično krzno

trgujući s Bogom
postao sam njegov ulični diler
čekam
usamljene i očajne
uvek na istom mestu
uvek u istoj kožnoj jakni
uvek u istim prašnjavim cipelama

odrastao sam u mraku
i gledao kako treperi svetlost
oko izabranih
i bio spreman da eksplodiram u svom uglu
i spasim svoju a možda i tvoju dušu
i duše svih duša
ali to je jedan već učinio davno pre mene
njemu su dali šansu i razapeli ga
meni su ostala samo
četiri zida i grad
i to je jedino što imam

proteran među ljude
prodajem ljubav
slepim prolaznicima
simfonije iz pakla
i debelu decu
uvek gladnu

Psychedelic Fur

in business with God
I became his street dealer
waiting for
the lonely and the desperate
always in the same spot
always in the same leather jacket
always in the same dusty shoes

I grew up in the dark
watching the light flicker
around the chosen ones
ready to explode in my corner
and save my soul and maybe yours too
and the souls of all souls
but someone did that long before me
given a chance and crucified
all that's left for me are
these four walls and the city
and that's all I've got

exiled among people
I sell love
to blind passersby
hell's symphonies
and fat children
always hungry

prolazim
uvek istom ulicom
uvek ispucalih usana
uvek u istim prljavim farmerkama

ti me poznaješ
ali nikad mi ne kažeš zdravo
tvoje grudi
me okrznu u prolazu
na tvojoj majici piše:
pesnici uvek nešto
petljaju s večnošću

telefon zvoni kod Boga
ali on nema vremena
da podigne slušalicu
pakuje i šalje patnju vernicima
humanitarnu pomoć svecima
on zaista brine o svom
tužnom cirkusu
telefon zvoni
ali on je zauzet
i pušta da se stvari dešavaju
onako kako se dešavaju
a ja nosim svoje
dlakavo srce u drvenoj kutiji
uvek u istoj ulici
uvek u istom parku

I walk
always down the same street
always with chapped lips
always in the same dirty jeans

you know me
but you never say hello
your breasts
graze me in passing
your T-shirt says:
poets always mess around
with eternity

God's phone is ringing
but he doesn't have time
to pick up the receiver
he packs and sends suffering to the faithful
humanitarian aid to the saints
he really takes good care
of his sad circus
the phone rings
but he's busy
and lets things happen
the way they happen
and I carry
my hairy heart in a wooden box
always on the same street
always in the same park

uvek u istoj kožnoj jakni
s podignutom kragnom

hteo sam da ti kažem
da se ponekad osećam
tako usamljen
dok stojim
gledam ljude pravo u oči
one su ogledala tuge
tužne violine
iz sivih predgrađa
požuda je svuda naokolo
zemlja je umorna od tolike težine
na mojoj majici piše:
jedino patnja
pripada ljudima

stojim uvek u istom parku
prodajem parče po parče
svog života
uvek istim ljudima
tvoje grudi me okrznu u prolazu
i tamni vrtlog strasti
ostaje iza
bezubih elegija

hteo sam da ti kažem
da sam naviknut na samoću

always in the same leather jacket
collar cocked

I wanted to tell you
sometimes I feel
so lonely
when I stand
I look people right in the eyes
that mirror sorrow
sad violins
from the gray suburbs
lust is everywhere
the earth's weary with the weight
my T-shirt says:
only suffering
belongs to the people

I stand always in the same park
bit by bit I sell
my life away
always to the same people
your breasts graze me in passing
and the dark whirl of passion
lingers behind
toothless elegies

I wanted to tell you that
I'm used to the solitude

ona ne boli
samo tinja
i ako se pojavi plamen požude
biće to kraj
vatra je đavo
sotona sa hiljadu pohlepnih jezika
koji dolazi po dušu
lično
i nestaje s njom

trgujući s Bogom
i dalje sam njegov ulični diler
proteran među ljude
čekam
usamljene i očajne
to je moj jedini posao
ne posedujem sat
ni ključeve
parkirao sam
zarđali polovni automobil
iza susedne zgrade
čekam
uvek na istom mestu
uvek u istim prašnjavim cipelama
uvek s podignutom kragnom
ti me poznaješ
ali mi nikada ne kažeš zdravo

it doesn't hurt
just smolders
and if desire's flame sparks up
that will be the end
fire is the devil
Satan of a thousand greedy tongues
he comes for the soul
in person
and vanishes with it

in business with God
I'm still his street dealer
exiled among people
I wait for
the lonely and the desperate
that's my only job
I don't own a watch
or keys
I parked
my rusty used car
behind the building next door
I wait
always in the same place
always in the same dusty shoes
always with the cocked collar
you know me
but you never say hello

odrastao sam u mraku
i zavideo slikarima
koji su zemaljske likove
pretvarali u nebeska bića
zavideo
skitnicama i ludacima
oni nikada nisu
petljali s ljudima
komunizmom i nekretninama
oni nikada nisu
aplaudirali pobednicima

moj park je moje radno mesto
moram da ispunim normu
stojim i osvrćem se
uvek na oprezu
moji dani
rasuti su kao konfete
bačene sa krova solitera

još uvek putujem kroz sebe
ušao sam u svet krivih linija
moja ogledala
postala su predeli
moja glava
i dalje je
moja jedina kuća

I grew up in the dark
envying painters
who turned earthly figures
into heavenly beings
envying
the bums and the madmen
they never
messed around with people
communism and real estate
they never
applauded the victors

my park is my workplace
I have to fill the quota
I stand and look around
always on guard
my days
scattered like confetti
tossed off the roof of a skyscraper

I still travel within myself
I entered the world of crooked lines
my mirrors
have become vistas
my head
is still
my only home

šesnaest sati razmišljam dnevno
zašto su svi najveći filozofi
žudeli da budu pesnici
u mojoj sobi
iskrivljen limeni tanjir
pun je opušaka
i prazne boce od piva
strpljivo čekaju svoje kese

budućnost je svetla i nepodnošljiva
dok puzim uz zidove samoće
čuju se zvona
ponekad poželim da neko poljubi
moje ispucale usne
ponekad vidim
kako senke napuštaju predmete

tražiću
skraćivanje radnog vremena
povećanje dnevnice
masiranje stopala
potrebna mi je pažnja
plišano pozorište
i nage igračice
na visokim potpeticama
to
baš to sam želeo da ti kažem

I think for sixteen hours a day
why did all the greatest philosophers
long to be poets
in my room
a dented tin plate
full of cigarette butts
and empty beer bottles
patiently awaiting their bags

the future is bright and insufferable
as I crawl along solitude's walls
I hear bells
sometimes I wish someone would kiss
my chapped lips
sometimes I see
shadows leave their objects

I'll demand
a shorter workday
a higher daily wage
foot massage
I need attention
a velvet theater
and nude dancers
in stilettos
that
that's exactly what I wanted to tell you

patnja nije otmena
i tako je teško
kad okreneš glavu
i prođeš pored mene
tvoje grudi
me dodirnu u prolazu
na tvojoj majci piše nešto
što me zaista uznemiruje

znaš na šta mislim

suffering isn't noble
and it's so hard
when you turn your head away
and pass me by
your breasts
touch me in passing
your T-shirt says
something that really disturbs me

you know what I mean

Mahniti disko igrač

nostalgija je postala industrija
video sam

poezija je vrsta pozitivne utopije
lagao sam

disko kugla propada kroz razjapljena usta panike
doživeo sam

skupocene bunde lebde nad pokislom američkom
   zastavom
sanjao sam

bog je žena
saznao sam

zabava je nova religija
shvatio sam

manekeni vladaju svetom
pročitao sam

nijedan dan bez skandala
zapamtio sam

svi moji heroji imaju preko sedamdeset godina

The Frenzied Disco Dancer

nostalgia has become an industry
I saw

poetry is a kind of positive utopia
I lied

the disco ball falls through the gaping panic mouth
I experienced

pricey furs float above the soaked American flag
I dreamed

God is a woman
I found out

fun is the new religion
I understood

fashion models rule the world
I read

no day without scandal
I remembered

all my heroes are over seventy
I admitted

priznao sam

najjeziviji horor je protraćeni život
čuo sam

ja sam impresionist – bavim se emocijama
rekao sam

the creepiest horror is a life wasted
I heard

I'm an impressionist—I deal with emotions
I said

Mrtvi, lutke, rođendan

okružen stotinama mrtvih
razmišljam o preostalim godinama
pokušavam da se setim trenutka
od kog je sve počelo da se raspada

želim da saznam neke stvari
dok me ravnodušnost
nije pretvorila
u stablo
u treset
u izbezumljeni kip

nije mi preostalo mnogo izbora
o čemu sada da pišem?

nevažne stvari
već sam proglasio važnim
važne stvari svetim
svete stvari svakodnevnim
nikoga nisam uspeo da prevarim

svetu je potrebno pružiti *novu lepotu*
nisam siguran da smo je vredni

dezertirao sam usred sveopšteg juriša
na kataloge igračaka

The Dead, Dolls, Birthday

surrounded by hundreds of the dead
I think about the remaining years
I try to remember the moment
when everything started to fall apart

I want to find some things out
before indifference
turns me
into tree
into turf
into bewildered statue

I don't have many choices left
what to write about now?

I already pronounced
the trivial things important
the important things holy
and the holy ephemeral
I didn't fool anyone

the world needs *new beauty*
I'm not sure we deserve it

I deserted amid the total assault
on toy catalogues

za prestarele dečake
dezertirao usled sveopšteg juriša
na brzi i efikasni infarkt

noću stojim na terasi
i na okolnim zgradama
posmatram osvetljene prozore
ponekad mi se čini
da je to korisnije
od razgovora s mrtvima

u dnevnoj sobi
nasumično menjam televizijske kanale
naučila sam da ne osuđujem druge
izgovorila je jedna TV lutka i zatreptala
(učinilo mi se da ona nije samo lutka
koja izgovara reči)

jedan po jedan
prijatelji nestaju iz mog života
neki su otišli
sa nekima sam se našao
na suprotnim stranama
ne znam zašto se to dogodilo

i kako se osećaš na svoj rođendan
pitaju me glasovi iz slušalice
ostavljaju me vekovi, kažem

for overgrown boys
deserted amid the total assault
to a quick effective stroke

at night I stand on the terrace
and watch the lighted windows
of nearby buildings
sometimes this seems
more useful
than talking to the dead

in the living room
I randomly flip the TV channels
I learned not to judge others
a TV doll said and batted her lashes
(it seemed to me she might not be
just a talking doll)

one by one
friends vanish from my life
some left
some took
opposite sides from me
I don't know why that happened

so, how do you feel on your birthday
ask the voices from the receiver
the centuries are leaving me, I say

a prošlost je bila tako divna
šteta što ne mogu da se setim
svih detalja

lutke iz izloga
vodio sam na livade usnulog ruzmarina
da plešemo uz nemačku muziku
mehaničkog ritma

oštećena nebesa krpili smo
nežnim dodirima kože
tihim susedima
nismo se javljali na ulici

a danas samo gledam
stojim na terasi
i posmatram reklame
noć
svetla
soliteri
na hiljade usamljenih ljudi iza zidova

previše je teskobe
previše ambicija
previše pokušaja da se dosegne sreća
već koliko sutra
ova će se epoha činiti romantična

and the past was so wonderful
too bad I can't remember
all the details

I took shop mannequins
into the meadows of sleeping rosemary
to dance to German tunes
with mechanical beats

we mended the damaged heavens
with skin's tender touch
didn't greet
the quiet neighbors in the street

and today I just observe
I stand on the terrace
and stare at billboards
night
lights
skyscrapers
thousands of lonely people behind walls

there's too much anxiety
too much ambition
too many tries at achieving happiness
and tomorrow
this epoch will already seem romantic

nerazumno će se uvek vraćati
niko nema potrebu
da zastane bar na tren

najbolje stvari već su se odigrale
najbolje stvari već su prigrabili
svi oni koji su na vreme
pobegli od ljudi

nemam s kim da razgovaram osim s mrtvima
svet je postao
izbezumljena pegava tinejdžerka
s obilnom menstruacijom
a mrtvi ponavljaju jedne te iste stvari

bojim se da je još budućnosti pred nama

the unreasonable will always return
no one feels the need to stop
even for a moment

the best has already happened
the best has already been snatched up by
all those
who escaped people in time

I don't have anyone to talk to but the dead
the world became
a frenzied freckled teen
menstruating profusely
and the dead say the same things over and over

I'm afraid there's still some future before us

Bilo je lako zapaliti sneg

ljubili smo se
na hladnom vazduhu
modrih usana
promrzlih prstiju

zaneseni kao deca
drhtali
kao psi na kiši
i to je bilo dovoljno

bilo je lako
zapaliti sneg
deliti ljubav
slučajnim prolaznicima

u čekaonici
na kraju Evrope
nismo obraćali pažnju na
muve i lažne rodoljube

ljubili smo se divljački
menjali krv za krv
meso za meso
vatru za vatru

seti se šta sam ti govorio

It Was Easy to Set the Snow on Fire

we kissed
in the cold air
blue lips
frozen fingers

rapt like children
we shivered
like dogs in the rain
and that was enough

it was easy to
set the snow on fire
to give love away
to chance passersby

in a waiting room
at the end of Europe
we didn't pay attention to
flies and fake patriots

we kissed savagely
swapped blood for blood
flesh for flesh
fire for fire

remember what I told you

jedan život
jedna ljubav
jedan blesak mišica

seti se
bilo je uzbudljivo
bežati u svoju noć
čuvati kišu u snovima

roditi se tamo gde ne pripadaš

one life
one love
one flash of muscle

remember, it
was exciting
to run away into your own night
guard the rain in your dreams

to be born where you don't belong

Beskrajno leto

uvek moramo činiti ono što je ispravno
inače život nema smisla
kupila si sebi novu haljinicu
ne moraš da mi se pravdaš
borimo se za sećanja svako na svoj način

zaputili smo se u avanturu
i našli se zarobljeni beskrajnim letom
još nas nisu umorili
svakodnevni susreti
s novim rečenicama, licima, krevetima

ipak, povukao bih se iz prvih redova
već sam saopštio svetu
šta mislim o njemu
možeš mu i ti okrenuti leđa
dopustimo i drugima da pobede

preziranje novca više nije u trendu
mora se držati korak s vremenom
s novim poetikama
čak nas i članci u novinama opominju
da se ne smemo pokolebati
u ostvarivanju svojih skrivenih namera

Endless Summer

we must always do the right thing
otherwise life makes no sense
you bought yourself a pretty new dress
you don't need to make excuses
we all fight for memories in our own way

we headed into adventure
and found ourselves caught in an endless summer
we still haven't tired
from everyday encounters
with new sentences, faces, beds

still, I'd love to abandon the front row
I already told the world
what I think of it
you can turn your back on it as well
let's let someone else win for a change

spurning money is no longer in vogue
we have to keep up with the times
with the new poetics
even the newspaper columns warn us
we must not waver
in making our hidden intentions come true

sunce naše revolucije ne jenjava
beskrajno leto
pozvalo je na plažu mnogo sveta
i dalje ležimo na pesku
dodirujući se ramenima

od misli velikih prozaista
spravljaš mi koktel
koji izaziva vrtoglavicu
čitam ti pesme
od kojih se podmlađuje koža

the sun of our revolution doesn't falter
an endless summer
asked a great crowd to the beach
we're still stretched out on the sand
our shoulders touching

from the thoughts of great novelists
you make me a cocktail
that makes me dizzy
I read you poems
that rejuvenate the skin

BIOGRAPHIES

ZVONKO KARANOVIĆ is a poet and fiction writer born in 1959 in Niš, Serbia. A writer of distinctly urban sensibilities, steeped in the spirit of riot and revolt, he has written some of the most significant politically engaged poetry critiquing the '90s regime in Serbia. He is the author of fourteen books of poetry, most recently *Box Set*; *Sleepwalkers on a Picnic*; *Cages*; *Burn, Baby, Burn: Selected Poems in German*; and *The Best Years of Our Lives: Selected Poems 1991–2004*. He has also written three award-winning novels. He lives in Belgrade, Serbia.

ANA BOŽIČEVIĆ, born in Croatia in 1977, is the author of *Stars of the Night Commute* (2009) and *Rise in the Fall*, a 2013 Lambda Literary Award Winner. She received a PEN American Center/NYSCA grant for translating *It Was Easy to Set the Snow on Fire*. She teaches poetry at BHQFU in New York.

www.ingramcontent.com/pod-product-compliance
Lightning Source LLC
Jackson TN
JSHW021430200426
PP14546700002B/3
9781939419279